So
Easy !

make things

simple and enjoyable

生活技能 029

開始在西班牙自助旅行

作者◎李容菜

「遊西班牙鐵則」

☑ **看佛朗明哥越吵越好？**
　理由：興奮時大喊¡Olé！(歐累)，舞者會跳得更賣力喔！

☑ **有好康？免費參觀博物館**
　理由：週日有不少美術館和博物館提供免費參觀服務，想省錢先探聽好就對了！

☑ **包包一定要背前面！**
　理由：西班牙的扒手多得很出名，避免自己成為小偷眼中待宰的肥羊！

☑ **自來水可生飲？**
　理由：有些地方的水超好喝！但各地水質不同，喝不習慣的地區建議買礦泉水。(參考P.125)

☑ **擠～擠～擠進小酒館～**
　理由：晚上的小酒館總是擠滿了人，想體驗道地西班牙生活，找一家塞滿人的小酒館擠進去就對了！

☑ **早鳥優惠超划算！**
　理由：提早上網買火車票或廉價航空，超低折扣票等你來搶！

☑ **直接入出境西班牙最輕鬆**
　理由：西班牙人較為隨和，退稅也比較乾脆，比起在歐洲其他國家入出境歐盟方便不少喔！

☑ **先上廁所再搭長途巴士！**
　理由：長途巴士不像台灣的客運那麼豪華，車上可是沒有附洗手間的喔！

☑ **最愛血拼單字「Rebaja」！**
　理由：每年1、2月和7、8月為大減價時期，看到「Rebaja」表示有折扣！(參考P.106)

☑ **夏天下午別亂跑！**
　理由：西班牙的夏天非常熱，下午約2～5點盡量不要待在室外，店家也大多關門休息囉！

一起出發，到西班牙自助旅行！

　　總是聽人說著西班牙的熱情奔放，在書上欽羨地瀏覽著高第的建築，透過阿莫多瓦的電影認識西班牙風情。有沒有這麼一天，親自拜訪西班牙，真正地穿梭在西班牙街道，咀嚼著美食書上說的Tapas？

　　地理上，西班牙離台灣不算太近，航程約17～20多個小時。但西班牙是個對背包客很友善的國度，只要具備基本的自助旅行知識，花不到一天的飛行時間就能完成人生大夢。

　　本書作者旅居西班牙逾一年，本書架構即是她的自助經驗，書中不僅對即將成為背包客的你提供行前必備知識，連抵達西班牙可能會遇到的各種狀況，通通都囊括其中。例如：如果你不擅於辦證件，「行前準備篇」中有詳列要辦的證件種類及辦理地點；如果擔憂不會轉機，「機場篇」有轉機步驟，還搭配圖片解說；若你害怕語言能力不夠，找不到人問路，各篇章最後都附有相關的中西文對話範例；或是恐懼迷路，怕找不到回住宿地點的路，「行前準備篇」有提供門牌範例解析；甚至是怕被偷被搶，無法順利求助，「應變篇」有預擬各式危機狀況及解除方法，書末還貼心設計可以帶著走的「西班牙旅遊救命小紙條」。

　　除了提供旅遊知識，還有實用的旅行技術，包括怎麼搭車、如何人工買車票或是用購票機買票、怎麼點餐、如何在當地提款等等，本書都有步驟與圖片解析，讓你快速融入西班牙，優雅過著道地的西班牙生活。只要跟著本書按部就班地反覆練習與操作，剩下的就是作好闖蕩西班牙的心理準備，和一段不算太短的假期與旅遊資金，想到西班牙自助旅行的夢很快就能實現喔！

特約編輯 江孟娟

編輯室提醒

出發前，請記得利用書上提供的Data再一次確認。

　　每一個城市都是有生命的，會隨著時間不斷成長，「改變」於是成為不可避免的常態，雖然本書的作者與編輯已經盡力，讓書中呈現最新最完整的資訊，但是，我們仍要提醒本書的讀者，必要的時候，請多利用書中的電話、網站，再次確認相關訊息。

資訊不代表對服務品質的背書。

　　本書作者所提供的飯店、餐廳、商店等等資訊，是作者個人經歷或採訪獲得的資訊，本書作者盡力介紹有特色與價值的旅遊資訊，但是過去有讀者因為店家或機構服務態度不佳，而產生對作者的誤解。敝社申明，「服務」是一種「人為」，作者無法為所有服務生或任何機構的職員背書他們的品行，甚或是費用與服務內容也會隨時間調動，所以，因時因地因人，可能會與作者的體會不同，這也是旅行的特質。請讀者培養電話確認與查詢細節的習慣，來保護自己的權益。

謝謝眾多讀者的來信。

　　過去太雅旅遊書，透過非常多讀者的來信，得知更多的最新資訊，甚至幫忙修訂，非常感謝你們幫忙的熱心與愛好旅遊的熱情。歡迎讀者將你所知道的變動後訊息，提供給太雅旅行作家俱樂部
taiya@morningstar.com.tw

太雅旅行作家俱樂部

So Easy 029

開始在西班牙自助旅行(最新版)

作　　者　李容菜
攝　　影　李容菜

總 編 輯　張芳玲
書系企劃　taiya旅遊研究室
書系管理　徐湘琪
新版主編　邱律婷
初版主編　張敏慧
初版文編　江孟娟
修訂編輯　李辰翰
封面設計　許志忠
美術設計　許志忠
地圖繪製　許志忠

太雅出版社
TEL：(02)2882-0755　FAX：(02)2882-1500
E-mail：taiya@morningstar.com.tw
郵政信箱：台北市郵政53-1291號信箱
太雅網址：http://www.taiya.morningstar.com.tw
購書網址：http://www.morningstar.com.tw
讀者專線：(04)2359-5819 分機230

出 版 者　太雅出版有限公司
　　　　　台北市11167劍潭路13號2樓
　　　　　行政院新聞局局版台業字第五○○四號

法律顧問　陳思成律師

印　　刷　上好印刷股份有限公司　TEL：(04)2315-0280
裝　　訂　東宏製本有限公司　TEL：(04)2452-2977

二　　版　西元2012年03月10日
二版三刷　西元2015年05月10日
定　　價　250元

(本書如有破損或缺頁，退換書請寄至：台中市工業30路1號 太雅出版倉儲部收)

ISBN　978-986-6107-52-8
Published by TAIYA Publishing Co.,Ltd.
Printed in Taiwan

編輯室：本書內容為作者實地採訪資料，書本發行
後，開放時間、服務內容、票價費用、商店餐廳營業
狀況等，均有變動的可能，建議讀者多利用書中網址
查詢最新的資訊，也歡迎實地旅行或居住的讀者，不
吝提供最新資訊，以幫助我們下一次的增修。聯絡信
箱：taiya@morningstar.com.tw

國家圖書館出版品預行編目(CIP)資料

開始在西班牙自助旅行／李容菜 作，攝影
——二版，——臺北市：太雅，2012.03
面；　公分．——（So easy；29）
ISBN　978-986-6107-52-8　（平裝）

1.自助旅行　2.西班牙

746.19　　　　　　　　　　　101000990

作者序

賽維亞，42℃的午后，開始這本書的旅程。

西班牙，這個令人心生嚮往的國度，有著各式各樣獨一無二的節慶和豐富多元的文化，最令人驚訝的是，在這個不算太大的國家裡，每個城市居然都有其獨特而迥異的風味：巴塞隆納華麗而自豪，每走幾步路就會忍不住想要駐足下來欣賞它美麗的建築，觀賞蘭布拉大道上精彩的街頭藝人表演；馬德里文化氣息濃厚，或許會想花上一整天的時間泡在美術館中靜靜看一幅畫，或許在傍晚時分可以到格蘭大道上的劇院享受歌舞劇的震撼；賽維亞佛拉明哥味十足，夏日週末的夜晚，一不經意在廣場上就可以見到一群吉普賽人擊掌高歌，而3月的橘子花香，讓你即使迷路也樂在其中。當然還有更多山城小鎮，或是北方大城，等著我們去探索，又會是怎樣的一番風情，不禁令人期待！

在我眼中的西班牙人，是個十足熱情的民族，或許是因為炎熱的天氣，讓人的心也跟著熱起來，原以為只有處在炎熱安達魯西亞的賽維亞人，才會這麼不拘小節地與陌生人交朋友，而馬德里這樣的大城市，則顯得冷漠許多，可是當我接連著兩三天去同一間小酒館喝咖啡，吧台的伯伯馬上就把我當做熟客一般地招呼著，甚至成為我的好朋友。原來大城市不是沒有溫情，而是瀰漫在各個小小的角落。西班牙的小酒館總是帶給我一種親切溫暖的印象，小酒館中杯杯盤盤的聲音、嘈雜的人聲，以及擠得水洩不通的走道，是最能夠體驗西班牙熱情和溫暖的地方。

喜歡走在路上時觀察各個小小的角落，找找看是否有新的發現，著名的歷史景點或美麗的建築固然令人嚮往，但小角落中的新發現更能讓我驚叫連連，也許是個小小的路牌，也許是小女生頭上綁的粉紅緞帶，也許是西班牙人習以為常但我們大嘆不可思議的地方，文化的差異擦撞出許多旅行中的小火花，旅行途中遇到不同的人事物，也會有不同的生活體驗，對我來說是旅途中最獨特且珍貴的寶藏，這部分無法在書中寫出，但很誠懇地希望每位旅行者能自行去發掘及體會。

夢想，是個神奇的名詞，會發光的名詞，選擇

S p a i n · 西班牙

關於作者

李容菜

東吳大學德文系畢業，畢業後在系上擔任助教，處理研究所、研討會及學生赴德國進修等相關事務。在德國擔任交換學生期間接觸佛拉明哥舞蹈，自此與西班牙結緣，立志終有一天要赴西班牙學舞，在2006年成功地實踐了夢想。現為賽米亞佛拉明哥舞團團長。

西班牙做為實踐夢想的地方，是因為我相信這個地方能帶給我更多的感動，讓我的生命更加發亮。而我想每個背包客多多少少都懷抱著「環遊世界」的夢想吧！或許用各種不同的理由選擇了西班牙做為旅途的落點，希望藉由這本書，能幫助所有懷抱著「西班牙流浪之夢」的旅行者，在踏上伊比利半島的那一刻起，就可以佯裝自己是個道地的西班牙通，快速地融入當地的生活，進而更無後顧之憂地實現旅行的夢想。

最後還是不免俗地要感謝在這一段旅程中給我許多幫助的西班牙前輩們(宗翎、暢宜、思穎、雅惠)和出來旅遊卻被我拖來幫忙的好朋友(香文、心瑜)，沒有你們，也不會有這本書的誕生。

馬德里，2℃的清晨，旅程結束。

目 錄 CONTENTS

圖片提供／西班牙國家旅遊局TURESPAÑA

15

認識西班牙
西班牙，是個什麼樣的國家？

21

行前準備
出發前，要預做哪些準備？

35

機場篇
抵達機場後，如何順利入出境？

49

住宿篇
在西班牙旅行，
有哪些住宿選擇？

57

交通篇
西班牙走透透，
該用什麼交通工具？

How to use

如何使用本書 ·····

本書以自助旅行爲切入角度，包辦旅遊西班牙所需的一切知識。除了西班牙基本認識，還主動收集行李打包、證件辦理、旅遊網站、訂房管道等方法；抵達西班牙後，各種交通串聯方式、吃喝購物、玩樂、通訊方法及狀況應變等等，書中也都有詳盡介紹。篇章依照出國順序來安排，既方便找尋，豐富貼心的資訊也讓你規畫旅遊一點都不煩。

全書分成11個篇章

【**認識西班牙**】出國怎可不知當地狀況？電壓、時差、氣候、地理、匯率、貨幣等基本資訊，在此篇章皆可一目了然。

【**行前準備**】行前的規畫準備令你心煩嗎？本章從須辦證件、資料收集網站、兌幣方法及當地節慶都為你清楚介紹。

【**機場篇**】將出發環節切成台灣、西班牙兩個點，從機場出入境、轉機到前往市區，每一關該辦的流程及當地交通接駁都有圖文對照式說明，連機票、登機證、機場指標都有解析，包你完美通關、順利抵達。

【**住宿篇**】住旅館便宜還是租公寓自由？本章介紹旅館、旅社／民宿、青年旅館、特色國營旅館、公寓5種房型，並作了優缺點分析，幫助你找到旅途中的夢想「家」。

【**交通篇**】想玩遍西班牙，交通工具不可不知！篇章中分門別類地介紹了AVE、長程火車、地方火車、近郊火車及公車、國內航空、租車及計程車，如何搭車購票、優缺點比較、車資參考都有詳盡解說，還有省錢的優惠撇步。

【**馬德里・巴塞隆納交通篇**】馬德里、巴塞隆納是西班牙的交通樞紐，搞懂城內交通方式就能順利前往較遠城市旅行。本篇詳細解剖票券、購票機、交通站看板等資訊，還有各交通工具搭乘步驟，讓你旅遊西班牙不迷路。

【**飲食篇**】在西班牙怎麼吃才上道？哪些美食不吃會後悔？本章以時段區分說明西班牙人一天的飲食生活，不可不嘗的美食圖鑑，更讓你到當地指圖就能點餐。還有點餐禮儀及背包客最在意的省錢吃法喔！

【**玩樂篇**】西班牙必賞建築藝術之美，這裡提供鬥牛與佛拉明哥舞蹈欣賞地點，還有必去景點；除了走走看看，更有三大節慶可以跟著西班牙人一同瘋狂去。

【**購物篇**】西班牙是購物天堂，本章除了介紹必買的當地品牌，還告訴你最具當地特色的紀念品；當然還有必訪的血拼聖地。最後，退稅辦理方法也有詳盡介紹。

【**通訊篇**】想從國外向親朋好友報平安，本章提供打電話、上網及寫信等通訊方式，還有step by step的步驟圖解與示範解說，更提供便宜的通訊方案，讓你長話不用再短說！

【**應變篇**】旅途難免有狀況，本章貼心模擬掉錢、掉證件、生病、遭偷搶等狀況，一一提供預防方法及如何應變，還有求助電話。

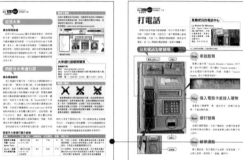

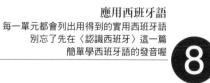

1 篇章
以顏色區分各個大篇章

2 單元小目錄
每個單元開始前，詳列所有包含
的主題，一目了然

3 指標、機器說明
各種需注意的指標，像是搭車搭機資
訊，或買票機器的操作按鈕插孔，都
有詳細拉線說明，非常容易懂

4 資訊、祕訣小提醒
證件要去哪裡辦，辦證件或買車票有
何小祕訣，作者通通在此提醒你

5 表格填寫示範
不管是填寫入境卡或包裹寄送單，都有
文字與示範圖片搭配，填寫一點都不難

6 圖文步驟說明
不管是搭飛機、入出境，或是網路買車
票，都有文字與圖片搭配，清楚說明

7 實用網站整理

8 應用西班牙語
每一單元都會列出用得到的實用西班牙語
別忘了先在〈認識西班牙〉這一篇
簡單學西班牙語的發音喔

開始在西班牙
自助旅行

認識西班牙

About Spain

西班牙，是個什麼樣的國家？

出發前，透過地理、氣候、航程、時差等基本概念，與西班牙進行第一次接觸，能大大提升旅遊規畫的效率，並使行程更為順暢。

西班牙小檔案

聽到西班牙，一般人第一個印象就是鬥牛及甩著蓬蓬裙的佛拉明哥舞，直覺它是個熱情如火的國度，再來就是想到巴塞隆納(Barcelona)那建了將近一百年仍未完成的聖家堂，老饕們或許先想到瓦倫西亞(Valencia)的海鮮飯和赫雷斯(Jerez)的雪利酒，事實上，還有更多人物及西班牙的文化是大家所熟知的，現在，就讓我們一起來認識西班牙吧！

西班牙小檔案 01

地理 | 西班牙是葡萄牙的「頭髮!?」

西班牙位於歐洲西南部的伊比利半島，國土面積為505,955平方公里，是歐洲第三大國。北以庇里牛斯山與法國和安道爾相接，西部就是葡萄牙囉！南端隔海與北非相望。另外，伊比利半島東部的巴雷亞利(Baleares)群島、半島西南端大西洋中的加納利(Canarias)群島，還有北非海岸的Ceuta及Melilla兩城市，也包含在西班牙的國土範圍中。

仔細一看，伊比利半島長得很像一個人頭，葡萄牙是側邊的臉，而西班牙就是葡萄牙隨風飄逸的頭髮囉！整個伊比利半島是不是像極了一個正在享受陽光和微風的西班牙人呢！

首　都：馬德里
面　積：505,955平方公里(含小島)
人　口：約4,000萬人
行政區：17個自治區，50個省分
宗　教：96%居民信奉天主教
國　慶：10月12日
時　差：差6或7小時

因為西班牙沿海及群島上的沙灘眾多，而且氣候宜人，所以一到夏天，會吸引許多各國的觀光客來西班牙旅遊，而當地人也會利用休假到海邊度假小屋盡情享受陽光和海水的洗禮。

地圖繪製／許志忠

西北部與大西洋相接，多為海灣的景象。

西班牙的地勢以山地和高原為主，首都馬德里即位在西班牙中部的高原上，為歐洲地勢最高的首都。

東南部則與地中海相接，較多沙灘。

由於西班牙與非洲大陸僅隔14公里，又為地中海連接大西洋的出入口，地理位置甚為重要，所以腓尼基人、古羅馬人、西哥特人和阿拉伯人都曾統治過這塊土地，各種文化的影響使得西班牙成為一個多元文化的融合之地。

西班牙小檔案 02

氣候 | 3～5月是最宜人的

　　西班牙的氣候因為地理環境而分歧，影響各省分、各地區的居民，人文特性也都不太一樣。西班牙的西北部臨大西洋，夏季溫暖不炎熱；而冬季涼快卻不寒冷，氣候宜人，但雨量也很充沛，會比較潮濕。中部為大陸型氣候，主要是高原組成，夏熱冬冷，日夜溫差大，且氣候乾燥。地中海沿岸和南部的安達魯西亞，是典型的地中海型氣候，比起其他地方溫暖許多，夏季炎熱乾燥，整年的降雨量都很少，尤其安達魯西亞夏季時的陽光和炙熱是非常著名的。另外，還有海拔1,200公尺以上的高山氣候和加納利群島的亞熱帶氣候。

西班牙3大城平均氣溫表

單位：℃(攝氏)

	馬德里		巴塞隆納		賽維亞		台北	
	高溫	低溫	高溫	低溫	高溫	低溫	高溫	低溫
1月	12.1	4.4	14.9	7.2	16.7	7.8	20.0	14.0
2月	12.1	2.8	15.6	7.0	17.0	7.6	19.1	14.4
3月	17.9	4.4	17.3	8.8	21.6	8.4	21.6	16.6
4月	22.9	9.1	19.7	12.4	25.6	12.7	25.3	20.5
5月	25.6	10.4	21.1	14.2	30.3	14.5	28.0	23.0
6月	30.2	14.6	26.1	18.4	31.7	17.3	31.4	26.0
7月	32.2	16.8	27.6	20.4	33.6	18.9	34.0	27.7
8月	33.3	17.9	27.8	21.7	35.7	19.2	33.9	27.4
9月	28.7	15.2	26.5	19.9	29.8	19.1	33.4	27.1
10月	24.4	11.5	24.4	16.1	28.0	16.0	27.0	22.7
11月	15.5	6.7	19.5	11.6	20.4	11.8	24.6	20.3
12月	12.6	0.7	14.6	6.5	15.8	5.8	18.2	14.7

＊與2014年平均氣溫相比較　　　　　　製表：李容菜

西班牙小檔案 03

時差 | 比台灣慢6或7小時

　　伊比利亞半島當地時間的計算方法是：冬季在格林威治時間上加1小時，夏季由於實行夏令時間，須在格林威治時間上加2小時。所以冬季比台灣慢7小時，而夏季比台灣慢6小時。而北非大西洋中的加納利群島（Canarias）實行的是格林威治時間，該群島的時間會比西班牙其他地方慢一個小時。

西班牙冬夏時間換算表

	時間範圍	西班牙與台灣時間換算範例
夏令時間 (比台灣慢6小時)	3月最後一個週日～ 10月最後一個週日	08:00(西班牙)＝14:00(台灣) 12:00(西班牙)＝18:00(台灣)
冬令時間 (比台灣慢7小時)	10月最後一個週日～ 3月最後一個週日	08:00(西班牙)＝15:00(台灣) 12:00(西班牙)＝19:00(台灣)

製表：李容菜

西班牙小檔案 04

航程 | 要飛17～20多個小時

　　目前國內並沒有直飛西班牙的班機，一般來說中途會有1～2個轉機點，通常第2個轉機點會在航空公司所隸屬的國家。飛行時間約在17～20小時不等。目前所知卡達、土耳其航空的行李限制為30公斤，較其他家航空公司多；其他例如荷蘭航空算是較為中等的價位；韓航和泰航則只需轉機一次，航程較短。

西班牙小檔案 05

匯率 | 1歐元＝約35～42元新台幣

西班牙於2001年隨著歐盟的政策，將原本的比塞塔幣（Pesetas）改為現在的歐元（€），物價也跟著上漲很多，目前匯率大約是在35～42元左右，意即1歐元約等於新台幣35～42元。匯率時有波動，出國前最好開始注意匯率，可以選匯率較低的時候去兌換，比較划算。

Euro＝歐元 · Céntimos＝分 · 1歐元＝100分

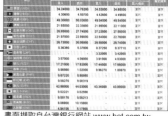

畫面擷取自台灣銀行網站 www.bot.com.tw

1分　　2分　　5分　　10分

20分　　50分　　1歐元　　2歐元

5歐元　10歐元　20歐元

50歐元　100歐元　200歐元　500歐元

西班牙小檔案 06

營業時間 | 下午2～5點午休

商家大約都在10:00左右開始營業，而因為夏季天氣過於炎熱，大部分的店家在14:00～17:00左右，會先關起大門休息，直到5點多才又開始營業，大約至21:00。不只是店家，包括銀行、一些公家機構如郵局，也是遵照此營業時間進行，通常夏季和冬季的營業時間會有些許的不同，所以在進入商家時，可以先看一下店門口的營業時間。跟在台灣許多24小時營業的場所相比，會顯得不方便許多，但是試著在夏天下午出去走走，會發現天氣真的是熱得受不了，逛街的興致馬上就減少了大半，客人都在家休息了，店家當然也要關門午休啦！

上午開放時間

下午開放時間

HORARIO

MAÑANAS
10.00　A　13.30

TARDES
17.00　A　20.30

＊＊＊＊

SABADOS　　週六

MAÑANAS
10.00　A　14.00

TARDES
CERRADO

攝影／邱宗翊

下午休息　　上午開放時間

休息時間街道上人煙稀少

西班牙小檔案 **07**

電壓 | 220伏特，圓形插孔

西班牙的電壓為220伏特，插頭為圓形插孔，一般來說，台灣的手機、相機、筆記型電腦等的充電器大多可承受110～240伏特的電壓，這樣在充電時只要準備好轉接插頭即可，其他只能承受110伏特的電器如吹風機，就需要再購買一個變壓器，然後加上轉接頭來充電；要注意的是，變壓器不可以長時間使用，通常在使用1～2小時後，變壓器會變得極熱，且容易燒掉，最好使用完畢立即拔起散熱，並且盡量不要長時間充電。

在出發前要先確認一下各項電器的電壓承受度，建議可以帶一條台灣的延長線，使用時只要將轉接插頭接上延長線，其他電器直接插在延長線的插座上就可以囉！

Steps ▶ 充電步驟示範

1. 確認電壓 ➡ **2. 取出充電器** ➡ **3. 接上轉接頭** ➡ **4. 找圓形插孔** ➡ **5. 這樣插就對了**

電壓承受度看這裡

西班牙小檔案 **08**

治安 | 較以往改善，但仍須注意

一般國人想到西班牙，都會直接聯想到這是個治安不好的國家，心生恐懼後就打消了來旅遊的念頭。其實近年來西班牙的治安已經改善不少，以往惡名昭彰的馬德里和巴塞隆納，現都有大批警察在街道上巡邏，地鐵每個角落也都裝有監視器，主要原因是因為近年來歐洲國家擔心遭受恐怖攻擊，所以在巡邏和防範上都下了許多功夫，因此也提高了旅遊的安全性。

但是出門在外，仍要時時小心警覺，不要太過於放鬆或招搖，引來歹徒的覬覦。

小角落大發現 西班牙抽煙小提醒

西班牙人抽煙的習慣是非常普及的，走在路上總是不免吸到二手煙，以前在小酒館中更是煙霧迷漫。但自2011年起，西班牙通過禁煙法令，所有室內場所全面禁煙！這對不吸煙的民眾來說無疑是一大福音，癮君子們也要小心避免觸法。另外吸煙的朋友會發現西班牙人大多購買捲煙，這是因為捲煙在西班牙比單包的煙品便宜，在當地若需購買煙品可以參考一下。

Prohibido fumar 禁煙

西班牙小檔案09

語言 | 有5種官方語言，英文不太通

一般我們所說所聽到的西班牙語為卡斯提亞語(Castellano)，也是世界上公認的西班牙語，另外在西班牙幾個自治區的地方語言也受官方認定，包含加泰隆尼亞地區(Cataluña)的Catalán語、巴斯克地區(Vasco)的Euskera語、瓦倫西亞地區(Valencia)的Valenciano語及加利希亞地區(Galícia)的Gallego語，另外，巴雷亞利群島(Islas Baleares)通行加泰隆尼亞語的一支。在這幾個地區幾乎以地方語言為當地母語，但卡斯提亞語是絕對通的。

要注意的是，英語在西班牙並不盛行，雖然大部分的西班牙人在中學時都有學習過英語，但是實際上會講的人並不多，少數會講的人也多帶有濃厚的西班牙文腔，一般而言，在觀光大城如馬德里和巴塞隆納，會講英文的人較多。建議可以攜帶一、兩本基本西班牙文旅遊書，不會講時直接將句子指給對方看即可。

西班牙名人殿堂，你認識哪幾位？

繪畫： 委拉司蓋斯(Diego Rodríguez de Silva y Velázquez)、哥雅(Francisco de Goya)、畢卡索(Pablo Picasso)、米羅(Joan Miró)、達利(Salvador Dalí)

建築： 高第(Antoni Gaudi)

歌手： 胡立歐(Julio Iglesias)、安立奎(Enrique Iglesias)、三大男高音中的多明哥(Placido Domingo)及卡列拉斯(José Carreras)

導演： 阿莫多瓦(Pedro Almodóvar)、索拉(Carlos Saura)

作家： 羅卡(Federico García Lorca)、賽萬提斯(Miquel de Cervantes，小說《唐吉軻德》作者)

小說人物： 卡門 (Carmen)、唐吉軻德(Don Quijote)、劍俠唐璜(Don Juan)

應用西班牙語ABC

字母發音

字母發音表

字母	讀音	字母	讀音
A	[a]	R	['ere]
B	[be]	RR	['erre](打舌音)
C	[θe]	S	['ese]
Ch	[tʃe]	T	[te]
D	[de]	U	[u]
E	[e]	V	['uбe]
F	['efe]	W	['uбe'dobᵗe]
G	[xe]	X	['ekis]
H	['atʃe](不發音)	Y	[i'griĕga]
I	[i]	Z	['θeta]或['θeda]
J	['xota]		
K	[ka]		
L	['ele]		
LL	['eλe]		
M	['eme]		
N	['eʝe]		
Ñ	['ene]		
O	[o]		
P	[pe]		
Q	[cu]		

應用單字

數字

0	Cero
1	Uno
2	Dos
3	Tres
4	Cuatro
5	Cinco
6	Seis
7	Siete
8	Ocho
9	Nueve
10	Diez
11	Once
12	Doce
20	Veinte
30	Treinta
40	Cuarenta
50	Cincuenta
60	Sesenta
70	Setenta
80	Ochenta
90	Noventa
100	Ciento (Cien)
1000	Mil

星期	**Semana**
星期一	Lunes
星期二	Martes
星期三	Miércoles
星期四	Jueves
星期五	Viernes
星期六	Sábado
星期日	Domingo

時間	
小時	Hora
月	Mes
年	Año
昨天	Ayer
明天	Mañana
後天	Pasado Mañana

四季	**Estaciones**
春季	Primavera
夏季	Verano
秋季	Otoño
冬季	Invierno

行前準備
Preparation

出發前，要預做哪些準備？

提供網路資源與年度節慶表，幫助你快速架構行程。
詳列必備的證件與行李清單，讓你輕鬆打包不煩惱。

要先蒐集資料

網路找資料、視節慶時間規畫理想行程

在出發前，一定要先蒐集資料並規畫行程，依據自己預計旅遊的總天數，參考各個城市的景點及特色來規畫。這時，網路就是你最好的工具，可以先在網路上尋找一些中文資料，或是其他人的旅遊經驗、不可不看的景點、一年一度的節慶，對要去的地方有所瞭解，甚至可以先學幾個西班牙文單字，依照自己想要的方式來規畫行程，這才是自助旅行的樂趣喔！

善用網路，規畫旅遊：15個超好用網站

西班牙旅遊局官網

西班牙旅遊局官方網站，可查詢各城市旅遊、訂房等資訊，並介紹近期較大的節慶活動，有簡體中文頁面。
網址：www.spain.info

西班牙氣象網站

西班牙氣象局官方網站，以地圖方式標示各城市天氣概況，可查詢天氣預測及氣溫概況，有英文頁面。
網址：www.aemet.es

西班牙機場網站

西班牙所有機場的資訊皆可以由此查詢，包含各機場平面圖、班機起降時間等。
網址：www.aena.es

西班牙鐵路網

可查詢火車時刻表、票價、火車內所包含的服務內容，並可以直接在線上購買火車票。
網址：www.renfe.es

國際青年旅館

有簡體中文頁面，內容包含各國青年旅館的地址和資訊，並可以直接在線上預訂床位。
網址：www.hihostels.com

西班牙國營旅館

介紹西班牙所有國營旅館的地點和特色，也可查詢到房價以及是否附有早餐等資訊，可以線上訂房。
網址：www.paradores.es

台灣銀行的匯率表

點選「歷史匯率」可查詢到近3個月內的匯率。可提早注意匯率波動，選擇匯率最低的日子去更換歐元。
網址：www.bot.com.tw

外交部西班牙旅遊資訊

至外交部網站上點選「旅外安全資訊」，選取「各國暨各地區旅遊及消費者保護資訊」，可找到關於赴西旅遊的相關資訊及介紹。
網址：www.boca.gov.tw

Google地圖查詢西班牙街道

西班牙的街道分得很細，直接翻地圖常常找不到位置，建議先用網路查詢好大約的方向。
網址：maps.google.com.tw

最後一分鐘訂房服務

中文訂房網站，可依照價位及飯店等級選取想要預訂的住宿地點，也可預訂20天後的飯店，價格會更便宜。
網址：www.ratestogo.com

線上學西語

線上教西文的網站，自最基礎的字母發音至簡單的單字、會話都有，出發前可以先上網學習基本的西班牙文。
網址：www.languageguide.org/espanol/

馬德里觀光資訊網 (有中文頁面)

介紹馬德里觀光資訊，有景點、交通、餐飲、住宿、購物等資料，及當季推薦的觀光景點或展覽可供參考。
網址：www.esmadrid.com

巴塞隆納旅遊資訊網

介紹巴塞隆納觀光資訊，另有住宿、餐廳、交通等資料，以及巴塞隆納旅遊卡和觀光巴士路線介紹。
網址：www.barcelonaturisme.com

賽維亞旅遊資訊網

介紹賽維亞四季觀光資訊、推薦的餐廳、旅館等，以及各個觀光景點的歷史和特色。
網址：www.turismo.sevilla.org

Welcome to Spain資訊網

專門為即將赴西班牙旅遊的旅客所設計，包含各種住宿訂房方式、租車以及交通方面的資訊。
網址：www.welcometospain.net

西班牙假日及節慶一覽表（標示＊符號表示為全國性假日）

日　期	假日與節慶	說　明
1月1日＊	元旦	
1月6日＊	三王節	西班牙小朋友的耶誕禮物並不是在12月24日收到，而是在三王節才會收到。傳說三王會騎著駱駝從東方來。1月5日晚上會有三王的遊行。
1月17日	San Antonio Abad	全城於街道中點燃烽火，有樂隊及舞蹈演出，並在San Antonio祭壇前舉行公開祈福儀式。地點：La puebla de Mallorca
1月19～20日	Tamborrada 打鼓節	位於Guipúzcoa省，鼓隊遊行全城。地點：San Sebastián
2月3日	Endiablada 魔鬼節	位於Cuenca省，男孩穿著鮮豔，腰間繫著牛鈴，打扮成魔鬼樣子遊行。地點：Almonacid de Marquesado
2月11日	Fiesta de las Alcadesas	位於Segovia省，當地長官夫人領導已婚婦女，穿著傳統服飾參加宴會，慶典結束於廣場焚燒稻草人。地點：Zamarramara
2月或3月初	Carnevales 嘉年華會	Cádiz地區：公開比賽選出最佳歌唱、最佳喜劇演員、最佳服裝等，並有節慶及煙火皇后的選拔。Santa Cruz de Tenerife地區(規模最大)：花車遊行、樂隊、街頭藝人表演。
3月12～19日	Las Fallas 法雅節 / 火節	西班牙三大慶典之一。中世紀木匠為了紀念他們的保護神聖荷西(San José)而有的節日，當地藝術家整年都在雕塑法雅像，節慶期間擺設於街道上，直到最後一天選出第一名之後，其餘雕像皆須燒毀。地點：Valencia
3月	Semana Santa 復活節	同一宗教團體抬著聖像遊行，通常有鼓樂隊伴奏，Andalucia自治區另有一種清唱歌曲Saeta，在遊行途中高誦基督及聖母，聖週期間最重要的日子為聖週四。地點：全國，以Andalucia自治區的Sevilla最有名
4月22～24日	Fiesta de Moros y Chritianos	位於Alicante省，摩爾及基督教徒之間，紀念十七世紀雙方游擊戰，慶典期間會有兩教教徒盛大的遊行。地點：Alcoy
5月1日＊	勞動節	
5月底或6月	El Rocío	位於Andalucía自治區，為紀念Rocío聖母，會有多支朝聖隊伍，穿著傳統服飾至Rocío村莊朝聖。地點：Huelva及Almonte
7月6～14日	San Fermín 奔牛節	西班牙三大慶典之一。紀念San Fermín神明的節日，節慶期間每天上午都會有奔牛的活動，群眾穿著白衣戴著紅色絲巾跑在牛群前面，終點為鬥牛場。地點：Pamplona de Navarra
8月15日＊	聖母升天節	
8月最後一個週三	La Tomatina 番茄節	位於Valencia省，市議會會提供數卡車的番茄讓群眾互丟，結束時街道會形成一片番茄海。切記要穿最破爛的衣服去。地點：Buñol
9月8日	Fiesta de Arroz 稻米節	位於Valencia省，有全國海鮮飯(Paella)大賽。地點：Sueca
10月12日＊	國慶日	全國放假，一樣會有閱兵、遊行等活動。
11月1日＊	Todos los Santos 萬聖節	紀念亡靈的日子，家人會至墓園獻花。
12月6日＊	行憲紀念日	
12月22日～1月＊	聖誕假期	12月24日 Nochebuena平安夜，全家齊聚吃團圓飯。 12月25日 聖誕節 12月28日 Santos Inocentes愚人節，人人互相捉弄、或扮成小丑開玩笑，連電視節目也有可能開觀眾的玩笑喔！ 12月31日 Noche Vieja除夕

＊以上資料時有異動，出發前請再次確認。

要準備的證件

護照＋簽證＋國際駕照……

出國旅遊，最重要的證件就是護照，它等同於國外的身分證；而若沒有申根簽證則無法入境西班牙。其他如國際學生證、國際駕照等等則是依個人需要辦理。要注意，證件辦理都需要一定的工作天數，確定出發時間後，請即早申辦需要的證件。

申辦護照

哪種人需要辦護照？

第一次出國還沒辦過護照者，或護照有效期限未滿6個月者，必須辦理護照。且依西班牙商務辦事處規定，護照有效期限必須超過回程日期3個月以上。

護照怎麼辦理？

護照可以請旅行社代辦，或自行至外交部領事局辦理。

申辦護照須準備哪些文件？

1 護照申請書一份

未成年人申請護照，應先經父或母或監護人在申請書背面簽名表示同意，並黏貼簽名人身分證影本。

2 身分證正本與影本各一份

影本一份黏貼於申請書正面（正面影本上換發、補發日期須影印清楚）。14歲以下未領身分證者，繳交戶口名簿正本，並附上影本1份或3個月內辦理之戶籍謄本。

3 2吋照片一式2張

照片須為6個月內所拍攝之2吋光面白色背景彩色照片、脫帽、五官清晰、不遮蓋，相片不修改，不得使用戴有色眼鏡照片及合成照片。一張黏貼，另一張浮貼於申請書。通常只要去照相館時，告知說是要辦理護照用的，就會符合以上條件。

4 繳交舊護照 (新辦則免)

護照有效期限未滿1年，即可辦理新護照。

5 男性請攜帶相關兵役證件

證件為已服完兵役、正服役中或免服兵役證明文件正本。先送國防部或內政部派駐本局或各分支機構櫃檯，在護照申請書上加蓋兵役戳記，尚未服兵役者則免持證件，直接向上述櫃檯申請加蓋戳記。

6 辦理費新台幣1,300元

護照辦理費用為新台幣1,300元。未滿14歲、男子未免除兵役義務，尚未服役至護照效期縮減者，每本費用為新台幣900元。請於取得收據後立即到銀行櫃檯繳費，並保留收據，憑收據領取護照。

護照這裡辦

外交部領事事務局

網　　站：www.boca.gov.tw
地　　址：台北市濟南路一段2-2號3～5樓
電　　話：(02)2343-2888
開放時間：週一～五，國定例假日除外
申請時間：08:30～17:00(週三延長至20:00)
工　作　天：一般件為4個工作天，遺失補發件為5個工作天
護照規費：新台幣1,300元整(費用時有更動，請參考外交部領事事務局公告)

＊以上資料時有異動，出發前請再次確認。

赴歐旅遊免簽證

自民國100年1月11日起,赴歐旅遊90天內免簽證囉,只要攜帶效期超過6個月以上的中華民國護照,毋須申辦簽證就可以進出申根國家。所謂90天是指在6個月內,可以單次或多次入境,停留的時間累計不超過90天。

免簽證需備入境文件

以下資料除護照外,入境時不一定會被查驗,但為求旅途順利及避免突發狀況,建議還是將資料攜帶齊全,以備不時之需。

1 護照正本: 有效期限須至少6個月以上。
2 行程相關資料: 如旅館訂房證明、要參加的活動或是會議邀請函、短期進修者攜帶入學許可證明、學生證等。基本上就是在西班牙預計行程中,可以出示的證明文件。
3 旅遊平安保險: 並非制式規定必須申辦,但歐洲醫療費用昂貴,建議在出發前還是要投保適當的旅遊醫療保險,且有時海關會要求出示保險證明。

簽證這裡辦

西班牙商務辦事處
地址:104 台北市民生東路三段49號10樓B1室
電話:(02)2518-4901~3
傳真:(02)2518-4904
＊簽證表格及申請須知可至以下網站下載www.antor taiwan.org(點選各國資訊→歐洲→西班牙),簽證表格須列印成A4正反兩面,或自行去西班牙商務辦事處領取。

＊以上資料時有異動,出發前請再次確認。

⁉️ 什麼情況才要申請簽證?

免簽證係指旅遊、觀光、探親、洽商、出席會議、短期求學、參展等等活動。若赴西班牙有工作的行為(指有接受當地薪水),即使是在90天內,還是必須要到西班牙商務辦事處申請工作簽證。另外赴申根國家行程超過90天,也須事先申辦相關簽證。

申辦國際駕照

隨性旅遊的好幫手

若想悠閒地去鄉村旅遊,又有駕照的話,可以申辦國際駕照。不但可以沿路欣賞美景,也可以自行調配旅途的時間。但即使申辦國際駕照,中文的駕照也要攜帶,正本、影本各一份,因為國際駕照只是翻譯本,即使外國人看不懂中文,但中文駕照才是正本!國際駕照有效期為3年,另外要注意的是,台灣駕照自102年7月1日起不再印有效日期,而之前發放的駕照是永久有效、逾期不需換發,但出國使用就會出現問題,建議出國前若駕照逾期還是要去換領新駕照,再申請國際駕照。

申辦國際學生證 ISIC

優惠多多但效期短

國際認可的學生證明文件,若你是學生,持有這個證明文件可以享有不少優惠,包括交通、門票、飛機票、火車等等都可能享有優惠,是省錢的好幫手。但要注意,國際學生證的期限通常為當年9月至隔年12月,若是在9月以前辦理的國際學生證,效期只到當年的12月底。

申辦國際青年證 IYTC

未滿30歲可辦理

若不是學生,但年紀未滿30歲,則可辦理國際青年證,效用和國際學生證差不多,一樣可以為你省下不少錢喔!有效期限1年(若辦理時已滿29歲,則有效期限至滿30歲之前一日止)。

管理證件小提醒

護照、照片隨身攜帶
不管辦理哪種證件,護照英文名(或護照影本)、2吋大頭照、住家英文地址最好都隨身攜帶,比較方便喔!

青年旅館卡YHA

年齡沒有限制

　　想要入住便宜的青年旅館，雖然沒有青年旅館卡也可以投宿，但是若想要為自己多省下一點錢的話，可以辦理青年旅館卡，有效期限1年。未滿14歲需要父母陪同才可進住，部分青年旅館有限制幼兒住宿的規定。可自行上青年旅館網站（www.hihostels.com）訂房。

四大證件這裡辦

國際駕照
辦理地點：各縣市監理處
所需文件：護照、駕照、身分證、2吋照片2張
工 作 天：當天申請，當天拿到
手 續 費：新台幣250元
注意事項：若有交通違規罰款案件沒處理，無法申辦國際
　　　　　駕照

國際學生證
辦理地點：STA travel
所需文件：申請表格、2吋照片1張、學生證正反面影本或
　　　　　國內外入學通知單影本
費　　用：350元

國際青年證
辦理地點：STA travel
所需文件：申請表格、2吋照片1張、身分證正反面影本
費　　用：350元

青年旅館卡
辦理地點：STA travel
所需文件：填寫申請表格即可
費　　用：600元

STA travel
網址：www.statravel.org.tw

台北總公司
地址：台北市忠孝東路四段142號5樓505室
　　　（捷運忠孝敦化站5號出口）
電話：(02)8773-1333

台中分公司
地址：台中市台灣大道二段285號7樓之2(環宇實業大樓)
電話：(04)2322-7528

高雄分公司
地址：高雄市前金區中華四路282號3樓
電話：(07)215-0056

＊以上資料時有異動，出發前請再次確認。

⁉ 建議直接入出境西班牙

　　歐盟已經同意台灣入出境申根國家免簽證，但有不少朋友在入境歐盟時，仍不時地會被海關攔阻下來，以準備資料不齊全等等理由，不讓其入境。這大多發生在非西班牙的歐盟國家如德國、法國、荷蘭等，這樣的情況也許將隨著時間及台灣旅遊者的增加而日益減少。但並不表示在非西班牙的歐盟國家一定會受刁難，而直接入境西班牙也有可能會遇到相同的狀況。

　　建議若行程安排許可，可以直接將西班牙當成第一個入境的歐盟國家(即購買機票時，在亞洲國家轉機，直接飛往西班牙)，卡在海關無法入境的機率較小。另外，自西班牙離開歐盟的好處是，在西班牙退稅比較方便且快速，且退稅處多設於班機飛往非歐盟國家的航廈，可省去跑不同航廈找退稅點的時間，也讓旅程比較順利圓滿地完成。

小角落大發現 地圖自動販賣機

又發現新東西了，在看板旁邊有個小小的框框，可不是紙類回收筒喔！這是馬德里的地圖販售機，只要照上面的金額投入硬幣，就會自動掉出一份地圖啦！

要先做的功課

住宿、匯兌、行李……

住宿

盡量事先訂房

確定好了行程，盡量事先將旅途中的住宿地點訂好，以免到時找不到旅館。事先訂的好處是，有時價格會壓低一點，同一家旅館事先預訂的價格，可能會比你在當地直接詢問還要低上不少，也可以省下不少錢，而在台灣預訂，還有中文網站可以參考，資訊會更為清楚。若是行程尚無法確定，至少要先訂好剛到前幾天的旅館，之後可以在觀光的過程中慢慢尋找。遇到要更動行程時，要注意一下網站上的退訂房規定，譬如至少要在幾天前退訂，而這樣的過程可能會從中收取一些手續費，所以在行程規畫時就要先確定好，避免因常常更動而損失了不必要的金錢。

看懂西班牙地址

在觀看西班牙的地址時，有時會出現特別的符號，在這邊教大家怎麼看地址喔！

Plaza(廣場)的縮寫，若為C/ 則表示Calle(街)

Pza Santa Cruz Nº6-3º
街道名   6號3樓

28012 Madrid
城市名

郵遞區號，前2碼為區域號碼

小角落 大發現

馬德里街道牌

馬德里舊市區內，每條街的街道標示，都是用馬賽克磁磚拼製而成，譬如用名人命名，路牌上就會有名人的畫像；若為草莓街，就會有一籃草莓。所以在馬德里市內觀光的時候，可以看看每條街的路牌，猜猜看是什麼意思喔！

事先查好街道位置

西班牙的街道名分得很細，一般類似台灣巷、弄大小的街道，也會會有獨立的名字。尤其是較老的城區，除了每條街都有自己的名字之外，各街道還不見得是垂直的，即使是方向感很強的人，在西班牙還是可以輕易地迷路！而且有時候街道太小，即使是計程車司機也不一定知道在哪裡，更有趣的是，即使向人問路，也很可能得到不同的說法！

建議在出發前，最好先上Google地圖查詢一下自己住的旅館、要去的景點和餐廳等的所在位置，尋找好附近較大的地鐵站或是明顯的建築，心裡有個大概的方向，抵達西班牙時才不會兵荒馬亂找不到地方。若是訂到舊城區中的旅社或民宿，這些地方大多坐落在很小的街上，更建議在上網查詢後，將地圖簡單地列印下來。而到了住宿地點後，盡量都要帶著該地點的名片出門，以防回來時找不到地方。

事先了解城市各景點所在相關位置，對當地景點分布先有概念，一方面減少時時拿著地圖找地方的時間，另一方面也增加了旅遊的安全性。是一定要先做好的功課喔！

Google Map：maps.google.com.tw

貨幣

部分現金兌**歐元**，出國不怕沒錢用

出國旅遊，當地的錢幣是一定要準備好的，但是一次把旅程要用的金錢全部換成現金帶去，不免讓人不放心，且旅途中總要掛心著身上的錢要藏在哪裡，萬一被偷被搶要怎麼辦等等問題。建議使用提款卡及信用卡，當然，兌換一部分的現金是絕對必要的，避免剛到西班牙人生地不熟，又找不到地方提款，所以身上隨時都要有一些現金備用喔！

銀行辦理**跨國提款**，隨提隨用超方便

只要看到提款機旁出現花花綠綠的貼紙，就表示這個提款機是可以跨國提款的，甚至也可以使用信用卡預借現金。出國前，先向銀行確認自己的金融卡是否可以跨國提款，並且要詢問清楚密碼，在西班牙提款的密碼是4碼，而非台灣晶片卡的6～12碼，所以一定要先跟銀行詢問清楚。另外，每次提款都會收取一筆手續費用，已知2015年的手續費約為€4，建議一次可以多提一些，不要因太分散而被扣過多手續費。

另也建議準備2張提款卡，分開收在不同地方，避免因遺失而無法取得款項。

提款機或螢幕上標示眾多國際聯合提款公司標誌，表示可用哪些卡提款。

部分現金換成**旅行支票**，路上不怕搶

歐元現金及美金旅行支票基本上在大部分的銀行皆可以換到，但歐元旅行支票卻不是每家銀行都

有，目前在兆豐國際商業銀行（原中國國際商業銀行）可購買得到，若嫌太麻煩也可以換美金的旅行支票，但是在兌換時會多扣一次手續費（因為：台幣→美金；美金→歐元）。

目前西班牙可以接受以旅行支票直接購買商品的店家並不普及，但是在機場、市中心的匯兌處（Cambio），或是有標明可以兌換錢幣的銀行，皆可以直接以旅支兌換現金；通常在兌換時，會再收取一定的手續費。也可至銀行兌換，但每家銀行收取的手續費也不同，兌換金額上限也不同。且必須在大城市（如馬德里、巴塞隆納、賽維亞）市中心的銀行才可兌換。

如何使用旅行支票

上款簽名以免被盜用

換好旅行支票記得一定要馬上在上款簽名，以免被人盜用，等到在西班牙當地購買物品或要兌換成現金時，再在下款簽名即可，注意要兌換時需攜帶護照正本。

兌換旅行支票需進銀行辦理，圖為銀行外觀

隨身攜帶**信用卡2張**，不怕商家拒收

出國時，信用卡算是最方便消費的一種方式，大部分的商家、餐廳、旅館都可以使用信用卡來付費，一般Master Card和Visa卡普遍都被接受，建議出國時最好攜帶兩張卡，萬一其中一張卡不能使用，還有另一張卡可以備用。而扣款會以刷卡當天的匯率換算成台幣，也要注意一下自己的額度，避免回到台灣收到帳單後叫苦連天。

另外，也可以在出國前向銀行申請預借現金的功能，請銀行告知密碼。在西班牙各提款機標示有Master Card和Visa等信用卡標誌的地方，都可以直接提領現金，但是利息很高，不太划算。

刷卡小提醒

刷卡消費時，彩色護照影本隨身帶

為了防範卡片盜刷，在刷卡時，許多商家會要求出示身分證明，所以護照影本也要隨身攜帶(最好是彩色)，不然有些商家是不會讓你刷卡的喔！

⁉ 好用的Visa晶片金融卡

現在台灣不少銀行推出Visa晶片金融卡，同一張卡片既可以提款也可刷卡，非常方便，優點是這種卡片的信用卡功能所刷的費用是直接從帳戶中扣款，方便隨時注意自己的使用狀況，不至於透支。

另外也有銀行推出金融卡、信用卡、現金卡三卡合一的卡片，這部分的刷卡功能就和一般的信用卡一樣，在額度內刷卡即可，並非直接從帳戶扣款，但辦這種卡片就要小心它的預借現金功能，最好還是另設定預借現金密碼，避免因提款不足時直接轉用預借現金。使用這些二合一、三合一卡片一方面節省皮夾空間，若不慎遺失也只要向同一家銀行掛失處理即可。當然，另外還是需要有備用的卡片分開置放。

行前準備

進入銀行步驟

有些銀行在進了大門之後，會發現有兩個旋轉門，是類似機場檢查行李的X光門，主要是爲了避免有人攜帶危險物品入內。這時找到寫著「Entrada」的門（通常是右邊的門），按下右手邊的按鈕，門才會打開；進入檢查無誤後，後門會關上，然後前面的門才會打開讓你進入銀行。若發現進去之後前後門都沒有動靜，但卻聽到廣播聲的話，表示攜帶了可疑的物品，這時請先退出，將包包或一些金屬物品如鑰匙、刀片等等寄放在外面的置物箱中，再進入銀行。辦完事情後，出來的步驟與先前相同，找到「Salida」的門，再按下按鈕即可。

*請注意：每一次只能有一個人進入。

Entrada表示入口

按鈕後才會開門

 Step **找到寫著「Entrada」的門**

 Step **按鈕**

 Step **檢查攜帶物品**

 Step **進入銀行**

提款機提款步驟

Step 1 **找提款機**
西班牙大部分的銀行都可以提款，只要找到提款機螢幕上有顯示自己提款卡上的標誌，就表示可以在此提款。

Step 2 **插入提款卡**
依卡片上的箭頭指示，正面朝上將卡片插入。

Step 3 **選擇語言**
不懂西班牙文沒有關係，可以直接選擇英文(English)鍵。

Step 4 **輸入密碼**
輸入金融卡密碼，完成後按下綠色的確定鍵(記得在出國前要先向發卡銀行申請跨國提款密碼，並且確認是否已經開啟國際提款的功能)。

Step 5 **選擇提款功能**
選擇「Cash Withdrawl」，就是「提款」。

Step 6 **選擇提款金額**
若螢幕上已有顯示金額，可直接點選，若無想要的金額，則選取「Others」，再自鍵盤輸入金額後，按下確定鍵。

Step 7 **選擇是否進行下一筆交易**
提款完若要繼續進行下一筆交易，按下「Yes」，若無則按下「No」。

Step 8 **取出提款卡、現金及收據**
先取出提款卡，再取出收據和現金。通常都會直接列印收據，若螢幕顯示「Do you want to get receipt」，需要的話請按「Yes」。

提款機面板解析

國際提款卡標誌

收據取出口

提款卡插入口

螢幕選擇按鍵

鈔票取出口

操作鍵盤
黃色鍵：清除
紅色鍵：取消
綠色鍵：確定

Steps▶ 跨國提款操作步驟

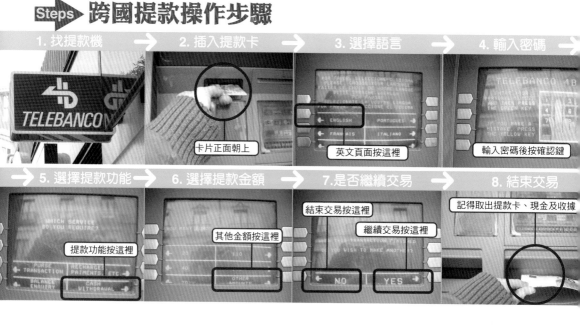

1. 找提款機 → **2. 插入提款卡** → **3. 選擇語言** → **4. 輸入密碼** →

卡片正面朝上

英文頁面按這裡

輸入密碼後按確認鍵

→ **5. 選擇提款功能** → **6. 選擇提款金額** → **7. 是否繼續交易** → **8. 結束交易**

提款功能按這裡

其他金額按這裡

結束交易按這裡

繼續交易按這裡

記得取出提款卡、現金及收據

行李打包

託運行李

一般航空公司限制為20公斤，視航空公司規定而異，盡量不要超重，一方面自己拿不動，另一方面超重被查到的話，罰款金額可是很高的。託運行李主要攜帶衣服、生活用品、充電器等等，衣物部分可以帶一些較舊的衣服，或是免洗內衣或免洗褲、襪等，旅行途中可以隨穿隨丟，以減輕行李的重量，而旅行的戰利品隨後即可裝進行李箱。行李箱除了記得要上鎖之外，最好掛上行李牌，標明自己的姓名和台灣的地址（以英文標示為佳），另外也可以在把手上加條絲巾或是其他容易辨識的標誌，避免提領行李時搞錯。

隨身行李

可以選用登機箱或是較大的背包，背包的好處是在旅行時可以使用，而大行李箱可以寄放在飯店，只要攜帶背包出去旅遊即可。隨身行李中可以放一些簡單的保養品，在長途飛行時可以隨時提供保養（但液體要注意規定）；最好放一套衣物，以免萬一託運的行李沒有隨著班機抵達，還有衣物可供替換。另外，準備一個斜肩的小包包，放置護照、機票等貴重物品，並請注意要隨身攜帶。

打包行李小提醒

洋蔥式穿法，減輕行李重量

衣物準備部分，盡量攜帶「洋蔥式」服裝，亦即每件都不要太厚，並且方便穿脫。可以視天氣狀況調整，冬天的氣溫雖然很低，但室內很可能會開暖氣，所以如果只穿一件過厚的衣服就不方便了，多準備幾件薄厚適中的衣服，冷的時候可以全都穿上去，熱的時候也方便脫下和拿取，這樣不僅不用帶過多的衣服，也達到保暖的功效，是比較聰明的作法喔！

隨身行李規定

● 隨身行李限制在56×45×25公分以內，貴重或易碎的物品不包含在內，但是Check-in時必須跟櫃檯說明，請櫃檯小姐提供標示黏貼在行李上。

● 旅客可攜帶的液體或膠狀物品（如牙膏、香水、髮膠、保養乳液等），必須為在機場安全區內購買之液體或膠狀物品（即通關檢查過後的商店）。

● 購買之液體或膠狀物品須用透明塑膠袋包裝妥當，並且要有文件註明購買地點，購買的日期須與搭乘班機同日。

● 旅客自用的液體或膠狀物品，不得超過100ml，須用透明塑膠袋包裝並且標示清楚。

● 其他藥用物品或嬰兒食品須註明其必要性。

● 手機、相機、手提電腦等的備用鋰電池，須放在手提行李中，並且最好使用小塑膠套或保鮮膜包起來，避免鋰電池短路起火影響飛行安全。

應用西班牙語ABC

日常問候

Hola / 哈囉	¿Cómo estás? / ¿Qué tal? 你好嗎？
Adios / 再見	
Por Favor / 請	Estoy bien, í Gracias! 我很好，謝謝
Gracias / 謝謝	
De Nada / 不客氣	Encantado(男) / Encantada(女) 很高興(認識你)
Perdón / 對不起	
Permiso / 借過	¡ Hasta mañana! / 明天見
Buenos Días / 日安	
Buenas Tardes / 午安	Hasta luego! / 再見(待會見)
Buenas Noches / 晚安	¿Hablas Inglés? 你會說英文嗎？
Sí / 是	
No / 不是	No hablo español. 我不會講西班牙文
Señor / 先生	
Señora / 女士	¿Qué hora es? 現在幾點？
Señorita / 小姐	

行李檢查表

√ 物品	說明
證件財物	
護照	有效期6個月以上，護照有效期限須比預計返國日期多出3個月以上。
簽證(符合免簽條件則免)	確認姓名及護照號碼無誤，起迄時間是否正確，記得影印備份。
機票	記得影印兩份影本，一份放在家裡，另一份與正本分開攜帶出國，萬一需要補辦才方便。
信用卡	最好攜帶兩張，要記住卡號和有效期限。
提款卡	要先與銀行確認是否可在國外提款，以及提款密碼為何。
旅行支票	記得一定要先行在上款簽名，並將購買證明影印，一份放在家裡，另一份與正本分開攜帶出國。
現金	分開放置，不要全部集中在同一個包包裡。
國際駕照	有需要者須先行在台灣辦好國際駕照。
國際學生證·國際青年證 青年旅館卡	出國前可先辦理，可享不少優惠。
平安保險	若有辦理保險，記得將保險內容看清楚，遇到緊急狀況時才知道須保留哪些單據以申請保險。
護照、簽證、旅支等資料影本	影印兩份，一份留給家人，一份攜帶至西班牙。護照可以影印一份彩色的隨身攜帶。 旅支倘若遺失可以依循編號申請補發。
2吋照片	攜帶幾張以備不時之需，若須申請補發證照也可使用。
零錢包	出門攜帶小錢包即可，不會用到的東西就毋須帶出門。
日常用品	
沐浴精、洗髮精	攜帶旅行組即可，若旅遊時間較長，可攜帶小瓶，至當地再至超市購買。須放在託運行李箱中。
毛巾(浴巾)	旅社不一定會提供，最好自己準備一條。
牙刷、牙膏	可以攜帶旅行用小包裝，放在託運行李箱中。
化妝品、保養品	若有液體，用小瓶裝好貼上標籤，放置託運大行李箱。
個人藥物	攜帶個人所需藥品。
吹風機、刮鬍刀	旅館不一定會提供，可以自行準備，但要注意電壓問題。
洗衣粉	帶小包裝即可，也可至當地購買。
小背包	出外觀光時可以使用。
衣物、褲、裙	看季節準備，但早晚溫差大，所以即使是夏季也不要忘記帶件薄外套。
內衣褲	可以攜帶免洗褲或較舊的內衣褲，穿完即丟。
禦寒衣物	夏季帶薄外套，冬季要準備大衣及圍巾。
正式衣物	看表演或上高級餐廳時穿。
帽子、太陽眼鏡	夏季陽光炙熱，戴上帽子或太陽眼鏡可防曬。
防曬乳液	夏季一定要擦防曬乳液。
筆	隨時有需要記錄或寫信時可以用。
通訊錄	可以寫明信片或寄東西給朋友。
記事本	記錄自己旅遊的行程、心情等等。
字典	以可以隨身攜帶型最為重要，若找不到西中小字典的話，可以考慮買「西英」字典。
旅行資訊、參考資料、地圖	參考的資料及書籍，最好附上地圖及地鐵圖。
針線包、鬧鐘、指甲刀	以備不時之需。
雨具	看季節攜帶，以備不時之需。
轉換插頭、變壓器、延長線	檢查有哪些電器用品會需要用到變壓器，另外可攜帶一條台灣插座的延長線和一個轉接插頭即可。
電湯匙、鋼杯	視個人需要，冬天時可以煮熱水和泡麵。
照相機、電池、記憶卡	注意自己的相機記憶卡容量、電池該如何充電等。
手機、電話卡	手機辦理國際漫遊服務，記得關閉語音信箱。國際電話卡撥打電話較為省錢。
緊急聯絡電話	遇到狀況時隨時可以聯絡。
個人備註	

製表 / 李容萊

機 場 篇
A i r p o r t

抵達機場後，
如何順利入出境？

從出發、轉機到抵達，每一關都有清楚的步驟指示，順著本篇提示，通關絕對暢行無阻。抵達西班牙後更有交通連接方式，帶你順利到市區，展開理想行程。

西班牙最主要的國際機場有兩個,分別為馬德里的巴拉哈斯機場(Barajas)及巴塞隆納機場,一般長程國際航線都會從這兩個機場進出。而目前台西之間並沒有直飛的航班,必須經過轉機的步驟。

＊西班牙各機場官方網站:www.aena.es

如何辦理入出境手續

一定要準備:入出境卡＋護照＋來回機票

從台灣出發,出境步驟

Step 1 機場櫃檯報到
劃位、領取登機證、託運行李

大約2小時前抵達國際機場,找到航空公司的櫃檯,並尋找要搭乘班機的劃位櫃檯,在此出示機票和護照,領取登機證以及託運行李。一般櫃檯地勤人員會盡量把所有航段的機位劃好,託運行李也會掛到最後一個機場。但有時仍會遇到有些航段是無法從台灣這邊劃位的,所以在領取登機證時,要注意一下有幾張,以及在哪個轉機點要重新去櫃檯Check-in。另外,櫃檯人員將行李託運編號貼在機票上,要保存到最後(切記!一定要留到最後),萬一行李遺失,才可以循編號找回行李。

Step 2 前往出境處
查驗護照、檢查隨身行李

報到完成後,拿著護照和登機證至出境層,海關人員會在此查驗護照,並蓋上出境章。出境後,會遇到隨身行李X光檢查站,手機、手錶等電子或金屬物品最好拿下放在籃子裡,讓海關人員檢查隨身行李(手機請關機,避免當機)。

Step 3 前往登機門候機

登機證上會標示在哪個登機門登機,找到之後要核對一下班機號碼喔!前往登機門途中若時間充裕,也可以先逛逛機場內的免稅商店。

Step 4 登機

開始登機時,會廣播請頭等艙旅客先行登機,也可能按照座位排登機,等到自己可以登機的時候,只要拿著登機證排隊就可以了。

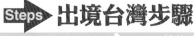

Steps 出境台灣步驟

1. 機場櫃檯報到 ➡	2. 前往出境處 ➡	3. 前往登機門候機 ➡	4. 登機
找到航空公司櫃檯	準備好護照及登機證	找到登機門並確認班機資訊	依地勤人員指示登機

機場篇

如何看懂機票

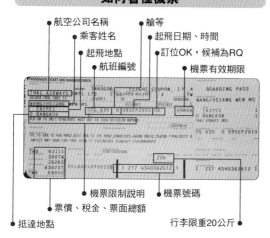

- 航空公司名稱
- 艙等
- 乘客姓名
- 起飛日期、時間
- 起飛地點
- 訂位OK，候補為RQ
- 航班編號
- 機票有效期限
- 抵達地點
- 票價、稅金、票面總額
- 機票限制說明
- 機票號碼
- 行李限重20公斤

如何看懂登機證

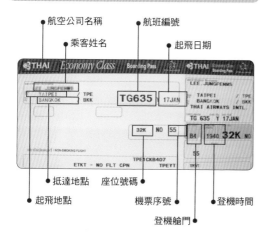

- 航空公司名稱
- 航班編號
- 乘客姓名
- 起飛日期
- 起飛地點
- 抵達地點
- 座位號碼
- 機票序號
- 登機時間
- 登機艙門

在其他國家轉機步驟

Step 1 沿著轉機指標走

下飛機後，沿著「Transfer / Transit」的指標走，並找到「Transfer to International」指標。

Step 2 找到登機門

機場內部都會設有電子看板，依著電子看板上的資訊找到登機門即可。即使在台灣拿到的登機證上已經標示了登機門，到當地時最好還是再次確認一下，以免登機門臨時有異動而錯過了班機。

Step 3 檢查隨身行李

轉機前會再次通過一個隨身行李的檢查站。

Step 4 登機

進入登機門候機，登機時要出示護照及登機證。

轉機小提醒

如無登機證須再次報到劃位
注意！若即將搭乘的航段還沒有拿到登機證，轉機時須先至轉機的劃位櫃檯Check-in，一樣尋找該航空公司的櫃檯即可。

Steps 轉機步驟

1. 沿著轉機指標走 ➡ 2. 找到登機門 ➡ 3. 檢查隨身行李 ➡ 4. 登機

Immigration
轉機看這裡
Baggage Claim
Transit/Transfer

在此查看班機資訊　　　找到登機門入口

抵達西班牙時，要辦理入境手續

Step 1 填寫入境卡

在抵達西班牙前，空服人員會發放入境卡，領取後在機上填寫完畢，下飛機時跟隨入境指標走，就可以抵達海關（有些旅行社會提供西班牙的入境卡，購買機票時可以先行跟旅行社索取）。

Step 2 入境海關檢查護照

選擇非歐盟會員國民入口排隊（Restos de Nacionalidades / Other Nationalities或是No miembro de UE），記得等候時要站在等待線後方，待前面一位旅客離去之後，才上前出示護照和繳交入境卡。檢察官員會在此檢查護照及簽證，有時會以英文問一些簡單的問題，譬如：旅遊目的、職業、旅遊天數等等，若沒有問題會在護照上蓋上入境章。

Step 3 提領行李

在行李提領區找到飛機班次的看板，在此等候行李即可。

Step 4 入境西班牙

入境時會抽檢行李，若有需要申報的東西記得要主動申報（紅色門——Objetos a declarar / Goods to declare），若無則可以直接通過（綠色門——Nada que declarar / Nothing to declare）。若有必須申報的物品而沒有申報，被抽檢到是要罰款的喔！

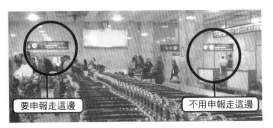

要申報走這邊　　　　　不用申報走這邊

託運行李小提醒

行李沒有到，持編號請櫃檯處理

若是託運行李沒有隨著自己的班機抵達，可能是因為先前轉機銜接時間不夠而來不及將行李送上飛機，請沿著「Equipajes Extraviados」指標到遺失行李的櫃檯，出示登機證上黏貼的行李編號，請櫃檯人員幫忙處理。通常行李會隨著下一班機抵達，而機場會直接將行李送至住宿的旅館。

Lost luggage
Equipajes extraviados

Steps 入境西班牙步驟

1. 填寫入境卡	2. 海關檢查護照	3. 提領行李	4. 入境西班牙
在飛機上先填妥	先準備好護照	提領行李看這裡	

機場篇

如何填寫入境卡

注意！若在歐盟國家轉機至西班牙，通常在第一個入境的歐盟國轉機時，會先經過一個檢查護照的海關，通過後就算入境了，到西班牙後不需再填寫入境卡，但是行李若有要申報的物品，還是要在最後入境西班牙時申報喔！

1. 姓
2. 名
3. 出生年月日
4. 出生地(見護照)
5. 國籍(見護照)
6. 在西班牙的住址(可以填寫旅館)
7. 在西班牙住處所在城市
8. 護照號碼
9. 入境城市

10. 入境班機號碼
11. 入境日期
12. 姓
13. 名
14. 出生日期
15. 國籍
16. 護照號碼
17. 出境班機號碼
18. 出境日期

離開西班牙，要辦理出境手續

Step 1 找到出境樓層

不管搭乘什麼樣的交通工具，到達機場時，沿著離境(Departures)指標，找到要去的航廈(Terminal)的出境層。

Step 2 查看班機資訊

電子看板上會標出班機的劃位櫃檯和登機門，依循上面的編號找到劃位櫃檯辦理Check-in和行李託運。如果自己的班機未顯示在電子看板上，表示應該是在別的航廈，可向旁邊的Information櫃檯詢問，不過一般在一開始購買機票時，就會列出在哪一個航廈，出發前先查好就可以囉！

> Aena標示

須找有Aena標示的information才可詢問機場資訊

班機資訊如何看

航廈編號

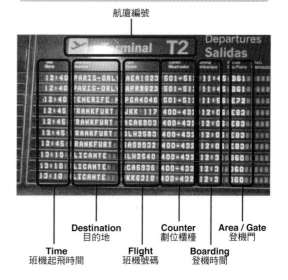

Time 班機起飛時間　**Destination** 目的地　**Flight** 班機號碼　**Counter** 劃位櫃檯　**Boarding** 登機時間　**Area / Gate** 登機門

Step 劃位及掛行李

持機票及護照到櫃檯辦理劃位及掛行李的手續，要注意託運行李不得超過20公斤，隨身行李中不可以攜帶超過規定的液體（見「行前準備篇」P.33）。若有須退稅的物品在託運行李中，必須先跟櫃檯人員說明要辦退稅（Tax Refund），待櫃檯人員貼好行李條之後，將行李拉至退稅窗口。

Step 辦理退稅

如果有需要退稅的物品，在劃位完畢後，持著登機證及護照，至退稅窗口辦理，海關可能會當場抽檢退稅的物品，待檢查完畢後，再將託運行李拉回Check-in櫃檯，請原先幫你劃位的人員將行李送至輸送帶。退稅區有時會大排長龍，再加上若要拉著託運行李跑來跑去，最好多留一點時間來排隊，或盡量將退稅物品集中在手提行李，以節省時間（退稅相關資訊請見P.111）！

馬德里退稅處

在T1的一樓（Planta 1），介於100與200號Check-in櫃檯中間的出境檢查處，旁邊有個小小的窗口，寫著「V.A.T.」，就是辦理退稅的地方。

巴塞隆納退稅處

在TerminaA航廈地面層（Planta 0），入境出口處（Arrival）旁邊。

Steps ▶ 出境西班牙步驟

1. 到出境層 ➡ 2. 查看班機資訊 ➡

出境層指標　　　查詢劃位櫃檯

Step 出境海關檢查

先依指標找到登機區的離境檢查處，出示登機證，會在此檢查隨身行李。若搭乘自西班牙直接離開申根國家的班機，則會一併在此處檢查護照並蓋上出境日期章，即完成出境手續。

Step 登機

登機證上都有標示登機門和登機時間，但在候機過程仍然要隨時注意電子看板，以免臨時更改登機門而錯過班機。

➡ 3. 劃位及掛行李 ➡ 4. 辦理退稅 ➡ 5. 出境海關檢查 ➡ 6. 登機

至櫃檯辦理出境手續　　　退稅處看這裡　　　出示護照及登機證　　　依指示前往登機門

如何從馬德里巴拉哈斯機場往返市區

：地鐵、公車、計程車

機場篇

從馬德里機場往返市區，有3種交通工具可以選擇，搭乘地鐵或公車是較為省錢的方式，但到市區皆必須轉乘，且市區內的地鐵線大多沒有電梯，有些地鐵站可能連手扶梯都沒有，搭乘前最好先考慮一下搬運行李的問題。計程車則較為方便和快速，價格自然也高出許多。

認識馬德里巴拉哈斯機場，T1、T2、T3航廈

地面層 Planta 0
入境大廳

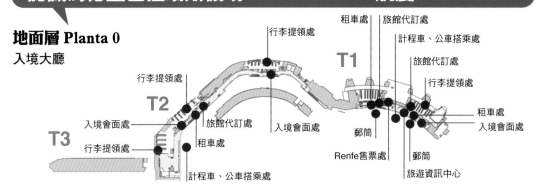

一樓 Planta 1
出境大廳

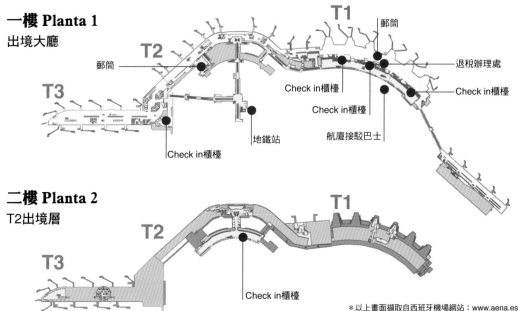

二樓 Planta 2
T2出境層

＊以上畫面擷取自西班牙機場網站：www.aena.es

認識馬德里巴拉哈斯機場，T4航廈

＊以下畫面擷取自西班牙機場網站：www.aena.es

地面層 Planta 0 　入境大廳

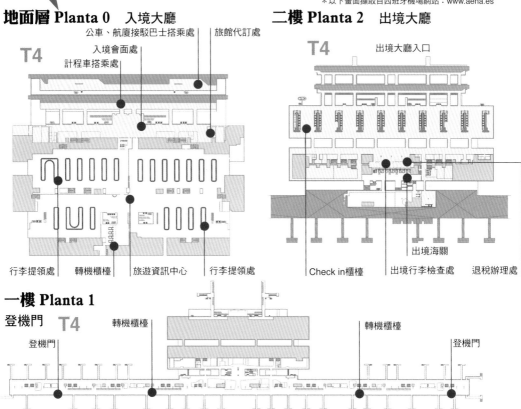

公車、航廈接駁巴士搭乘處　　旅館代訂處
入境會面處
T4
計程車搭乘處

行李提領處　　轉機櫃檯　　旅遊資訊中心　　行李提領處

二樓 Planta 2 　出境大廳

T4
出境大廳入口

出境海關
Check in櫃檯　　出境行李檢查處　　退稅辦理處

一樓 Planta 1

登機門 T4　　　　轉機櫃檯　　　　　　　　轉機櫃檯
登機門　　　　　　　　　　　　　　　　　　　　　登機門

搭乘地鐵往返市區

　　8號線地鐵連結巴拉哈斯機場第2航廈(T2)與第4航廈(T4)，至市區須再轉乘其他地鐵。從機場至市區最好先在地鐵站服務台索取一份地鐵圖(Plano de Metro)，確定自己的搭乘路線和轉乘點。而因市區內地鐵站通常都沒有電梯，須自行搬運行李上下樓梯，若行李過大或過重，最好先考慮一下是否要搭乘地鐵。

搭乘地鐵方向的指示標誌

8號線地鐵

自機場至市區

T1～T3 / T4航廈→通往地鐵的指標→抵達地鐵站

在T1～T3航廈入境時，出口即可看到通往地鐵的指標，沿著指標走可抵達地鐵站。

T1～T3 / T4航廈之間也有接駁巴士可搭乘

機場←→市區搭乘地鐵建議路線

機場←→8號線至Nuevos Ministerios站←→10號線至Tribunal站←→1號線(太陽門、阿托查火車站皆在1號地鐵沿線)

兩個轉乘站皆有電扶梯或電梯，搬運行李較為方便，只有市區上下站須搬行李上下樓梯。搭乘時間約35分鐘。

8號線地鐵機場站
(攝影 / 廖心瑜)

地鐵搭乘資訊看板

起迄	票價(歐元)	車程	營運時間 / 班次
地鐵8號線←→T1、T2、T3 / T4航廈	單次€5(可直接購買來往機場線的單程車票，若配合其他票券使用則需另外購買€1的機場附加票券)	須轉乘其他地鐵至市區約35～45分鐘	早上06:00～凌晨01:30約每3～4分鐘一班

＊以上資訊時有異動，出發前請再次確認。

如何使用機場附加票券

機場至市區

在機場購票不需要擔心附加票券的問題，因為在機場購票機所購買的車票已經包含了附加的€3，若已有馬德里的Metrobus 10次券，可以直接拿至購票窗口加值(一張Metrobus 10次券可以多人使用，加值時可直接跟購票窗口說使用人數，進站後再將票券遞給未進站的同伴即可)。

市區至機場

可以直接購買單程的機場票(€5)，進出站各刷一次。若已有Metrobus 10次券，需再購買機場附加票€3，進站時刷一般地鐵票，出站時刷機場附加票券。

Step 3的票券種類

❶ 單程票+機場附加票€5
❷ 單程跨區組合票+機場附加票€6
❸ 機場附加票€3

Steps 附加票券購買步驟

1. 選有飛機圖案的 → 2. 機場附加票券 → 3. 選擇票券種類 → 4. 確認價格後投幣

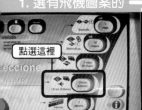
點選這裡

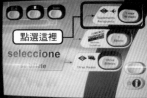
點選這裡

搭乘計程車往返市區

往返機場的計程車價格和市區內計程車不一樣，自成一個費率。分別有從機場出發、去機場、叫車等等方案。比其他往返機場的方式都來的貴，比較適合有幾個同伴一起分擔。

搭乘機場快捷巴士

以前自由行旅客，大多拖著行李從機場轉乘地鐵到市區，但馬德里的地鐵站不是每個都有電梯，有些出入口甚至連手扶梯都沒有，再加上從市區至機場至少需轉乘2次左右，往往會搬得滿頭大汗狼狽不已。

2012年終於新增一條巴士路線，直接往返馬德里阿托查火車站與機場，讓旅客方便許多。雖然到了阿托查火車站後還是需要拖著行李行走一段上坡到市中心，或是再轉乘地鐵，但這班巴士已經幫助旅客省去非常多的不便。

要注意的是，晚間23:00到清晨06:00之間，巴士只往返眾神廣場(Plaza de Cibeles)和機場之間，這個時間的公車都是從眾神廣場發車(可參照P.77)。

小角落大發現 西班牙的1樓是台灣的2樓

西班牙的樓層(Planta)和台灣不一樣，台灣的1樓，在西班牙為0樓(Planta 0)，或稱做「底層」(Planta Baja)；而西班牙所謂的1樓(Planta 1 / Primera Planta)，就是台灣的2樓了；以此類推，Planta 2就是台灣的3樓。所以在看地址時，記得要把樓層往上多加一層，才不會走錯喔！

搭乘地點在馬德里車站大門出口(圖片提供／陳雅惠)

機場計程車搭乘資訊看板

出發點	起跳價	每公里價格	超過1小時加價	備註
機場→市區	€20(10公里內)	€1.05	€20.50	全年24小時適用，但不適用於叫車
市區→機場	跳表價＋€5.50		€20.50	跳表價格請參照P.78馬德里計程車計費表
叫車往返機場	€30			叫車往返機場費用固定，但司機若到而乘客未出現，等待時間將跳表計費。全年24小時適用

機場巴士搭乘資訊看板

起迄	票價(歐元)	車程	營運時間/班次
機場←→阿托查火車站 (夜間：眾神廣場Plaza Cibeles)	€5	約40分鐘	06:00～23:00，每13～20分鐘一班 23:00～06:00 (眾神廣場←→機場) 每35分鐘一班

如何從巴塞隆納機場往返市區

近郊火車、機場巴士、計程車

　　巴塞隆納機場共有3個，包括主要機場(BCN)、Girona(GRO)機場和Reus(REUS)機場。通常從台灣轉機過來都會停留在主要機場，只有在歐洲境內購買一些廉價航空，一般來說都是Ryanair，才會坐到另外兩個機場。在拿到機票後最好還是先注意一下機場的代號。

認識巴塞隆納機場T1航廈

＊以下畫面擷取自西班牙機場網站：www.aena.es

地面層 Planta 0

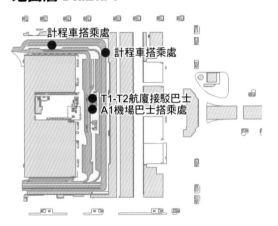

計程車搭乘處
計程車搭乘處
T1-T2航廈接駁巴士
A1機場巴士搭乘處

入境護照檢查 Planta 2

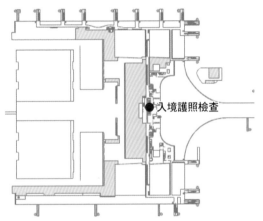

入境護照檢查

入境大廳 Planta 1

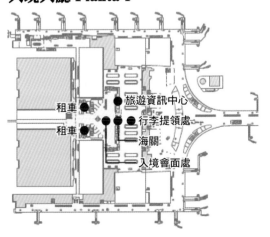

租車
租車
旅遊資訊中心
行李提領處
海關
入境會面處

出境大廳 Planta 3

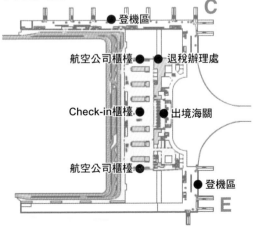

C

登機區
航空公司櫃檯
退稅辦理處
Check-in櫃檯
出境海關
航空公司櫃檯
登機區

E

認識巴塞隆納機場T2航廈

*以下畫面擷取自西班牙機場網站：www.aena.es

地面層 Planta 0
入境大廳

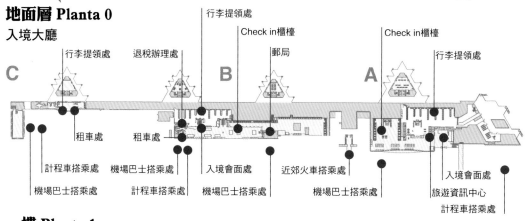

C
行李提領處
租車處
計程車搭乘處
機場巴士搭乘處

退稅辦理處
租車處
機場巴士搭乘處
計程車搭乘處

行李提領處
Check in櫃檯
郵局

B
入境會面處
近郊火車搭乘處
機場巴士搭乘處

A
Check in櫃檯
行李提領處
入境會面處
旅遊資訊中心
計程車搭乘處

一樓 Planta 1
出境大廳

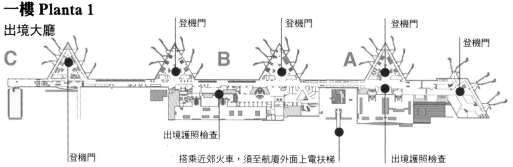

C
登機門
登機門
出境護照檢查
搭乘近郊火車，須至航廈外面上電扶梯

B
登機門

A
登機門
登機門
出境護照檢查

搭乘近郊火車往返市區

　　穿過T2A、B航廈之間的天橋，即可抵達近郊火車站，每隔30分鐘便會有一班火車開往市區。若欲至加泰隆尼亞廣場，須再轉搭地鐵或其他近郊火車，班次很多，非常方便。車票可至近郊火車售票機，或至人工售票處購買。

快速往返機場及市區的近郊火車

從機場到火車站

機場T2A、B航廈外→登上電扶梯→沿著走道走→抵達近郊火車的月台

　　在機場A、B航廈間的外面，有一個電扶梯，標示著西班牙國鐵「Renfe」的符號，登上電扶梯後沿著走道行走，即可抵達近郊火車的月台。

Renfe符號

從火車站到機場

看板尋找資訊→找到月台→刷票進入閘口,搭乘火車

在Sants Estacío火車站的近郊火車看板上,尋找前往機場(Aeropuerto)的資訊,通常此班近郊火車都是從Estacío de França出發,經過Prat,終站為機場。找到月台後,月台入口會有一面電視螢幕,顯示下一班火車的時間和目的地,往機場的班車通常在第5或第6月台。自售票機購買一張單程的近郊火車,或使用未用完的巴塞隆納交通券,刷票進入閘口搭乘火車。

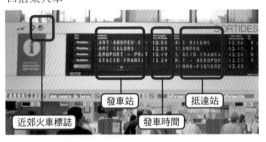

近郊火車標誌　　發車站　　抵達站　　發車時間

近郊火車搭乘資訊看板

起迄	票價(歐元)	車程	營運時間／班次
機場←→ Sants Estacío火車站	單次€3.80(可使用巴塞隆納交通票券,較為省錢)	約20分鐘	每30分鐘一班 自車站發車:05:25～22:55 自機場發車:06:00～23:44

＊以上資訊時有異動,出發前請再次確認。

從加泰隆尼亞廣場到機場

加泰隆尼亞站→搭乘近郊火車→抵達Sants Estació火車站→出站→搭往機場的火車

從加泰隆尼亞站,搭乘任何一班往車站方向的近郊火車,都可以抵達Sants Estació火車站,抵達後須先出站,再依循上述自火車站到機場方式,尋找往機場的火車月台搭乘。

搭乘A1、A2機場巴士

最推薦的交通工具!每個航廈外面皆有A1、A2機場巴士停靠站;A1往返T1航廈,A2則是往返T2航廈,專門接送旅客往返機場和加泰隆尼亞廣場。班次很多,且車上有可以置放大型行李的位置,車廂也很寬敞,既舒適又方便。

機場巴士搭乘資訊看板

起迄	票價(歐元)	車程	營運時間／班次
機場←→加泰隆尼亞廣場 (Plaça Catalunya)	單次€5.90,來回€10.20 直接上車購買	約35分鐘	每8分鐘一班 往返T1:每5～10分鐘一班 往返T2:每10～20分鐘一班 自廣場發車:05:30～00:30 自機場發車:06:00～01:05

＊機場巴士網站:www.aerobusbcn.com　　＊以上資訊時有異動,出發前請再次確認

搭乘計程車

跳錶計費,並且需要另外加收機場排班費用。每個航廈出口都有Taxi排班,開到市區大約30分鐘,價格約€30,好處是可以很方便地直接搭到旅館,省下拖著行李搭車的麻煩。

如何從Girona機場往返市區

提領完行李出來，往右手邊方向走，會看到一個寫著Bus Ticket的窗口，在此購買巴士車票。建議可以一次買好來回票（回程須在30天內），並索取一份巴士時刻表。在Girona機場的航班基本上是固定的，所以巴士也會依據班機時刻來發車（巴士網站www.barcelonabus.com）。

Girona機場巴士購票窗口

機場巴士搭乘資訊看板

起迄	票價(歐元)	車程	營運時間 / 班次
Girona機場←→ 巴塞隆納巴士北站 Estació del Nord	單次€16 來回€25	約1小時15分鐘	每15分鐘或30分 鐘一班車

＊以上資訊時有異動，出發前請再次確認。

如何從Reus機場往返市區

巴士接駁Reus機場及巴塞隆納聖哲公車站（Estación de autobuses de Sants Estació），預先至售票亭購買車票，建議事先購買來回票，並索取時刻表以確認回程巴士發車時間（巴士網站www.igualadina.net）。

機場巴士搭乘資訊看板

起迄	票價(歐元)	車程	營運時間 / 班次
Reus機場←→ 巴塞隆納聖哲公車站 Sants Estació	單次€14 來回€24	約1小時30分鐘	班次不密集，需 先算好回程時間

＊聖哲公車站在火車站對街，地址：C/Viriat S/N　　＊以上資訊時有異動，出發前請再次確認

應用西班牙語ABC

應用單字

Salida / 出境
llegada / 入境
Vuelo / 班機
Conexión de Vuelos / 轉機
Aduana / 海關
Policia / 警察
Terminal / 航廈
Equipaje / 行李
Pasillo / 走道
Ventana / 窗戶
Servicios / 洗手間
Puerta / 登機門

實用會話

Soy de Taiwan.
我是台灣來的

Estoy aquí para viajar / visitar amigos.
我來旅遊 / 拜訪朋友

Soy estudiante / trabajador.
我是學生 / 上班族

¿Dónde puedo recoger el equipaje?
請問在哪裡提領行李？

Mi equipaje no ha llegado.
我的行李沒有到。

Por favor, enviarme mi equipaje a ese dirección.
請將我的行李寄到這個地址。

¿Dónde está la parada de aerobus?
請問機場巴士在哪裡搭乘？

¿Cómo puedo ir a terminal 1?
要如何到第一航廈？

Quiero hacer Tax Refund.
我要辦理退稅。

¿Cómo puedo ir a centro de la ciudad?
請問要如何到市區？

¿Cúanto cuensta más o menos para ir a centro de la ciudad?
到市區大約要多少錢？（坐計程車時間）

住宿篇
Accommodation

在西班牙旅行，有哪些住宿選擇？

如何順利訂房，並找到旅途中理想的家，本篇提供訂房方法與5種房型介紹，幫助你住宿有著落。還提醒你保護自身安全的方法，與住宿的禮節。

選擇合適的住宿地點

西班牙是個以觀光聞名全球的國家，住宿的選擇非常多種和多樣化，不用太擔心找不到地方住。但這也要看你出國旅遊的時間，若遇旅遊旺季，雖然不至於完全找不到地方住，若想為自己的荷包省點錢或住到自己喜歡的旅館，最好還是先上網蒐集一下資料，早早訂位。若是遇到重大的節慶，譬如在賽維亞的4月春會，那可是一房難求，想要訂到好旅館，可要在半年前就下手！

若行程還不確定，建議至少先預訂好抵達西班牙前幾天的住宿，之後再到當地直接尋找，可以請旅客服務中心(Information)代為預訂，或一家一家詢問，好處是可以先請旅館帶你參觀一下房間，滿意的話再Check-in。

交通要便利

盡量選擇市中心的地點投宿，鄰近觀光景點為最佳選擇，既可省下不少交通費，晚上回旅館也比較方便。火車站附近雖然都有旅館，但是一般來說環境會比較混雜，應盡量結伴同行，並隨時小心自身的安全。

考量預算

大致排定一下自己的預算，預算較少或是只有一個人時，可以考慮住青年旅館，比較安全，也可以認識不同國家的朋友。2人以上住宿一、二星級的旅館，平均分攤下來會比較便宜。單人房通常與雙人房價格差不多，一個人住會比較划不來。

視停留時間決定

若在同一個地方停留較長的時間，或是同行的人較多，可以考慮租公寓，好處是有廚房可以使用，可以省下不少在外面吃飯的錢。

自身安全提醒

行李箱上鎖，確保物品不遺失
即使已經在飯店內Check-in了，仍要隨時注意自己的行李，以免不肖之徒趁機搶劫。入住後，每天要出門觀光前，記得將重要的物品鎖在保險箱內，若沒有保險箱，可以將重要物品收在大行李箱中，將行李箱上鎖，尤其是多人共住一間的青年旅館，一定要將行李箱上鎖喔！

隨身攜帶旅館名片
Check-in之後記得要馬上向旅館拿一張小名片，並隨身攜帶，萬一迷路了還可以拿名片詢問路人，或坐計程車回來。

一入住立即檢查房間設施
登記入住後，記得先檢查各項設施，包含是否有熱水、冷暖氣、電視是否能開、鑰匙功能是否正常等事宜，若發現有問題要立即反應，可以要求更換房間。

託管行李或找寄物處存放
退房後，若離出發時間還有一段時間，可以委託旅館代為保管行李，一般都會將行李放在櫃檯內部或是有上鎖的寄物間。但若旅館只是將託管的行李放在大廳，那依然會有被偷的危險，最好還是自己找安全的寄物處寄放行李囉！

如果還沒訂房怎麼辦？

若到當地還沒有預訂旅館，可以至旅遊資訊中心，請服務人員幫忙代訂。只要告知要住宿的天數、預算、希望的地點，服務人員就會幫你篩選出最合適的旅館，並幫忙訂房，通常還會告訴你要怎麼去，過程可能要支付一點點手續費用，但也省去了拖著行李到處找旅館的麻煩，非常方便喔！

住宿種類

旅館

優點：服務齊全、設備最為完善
缺點：價格較高，且不一定包含早餐
價位：三星級旅館雙人房一晚約€60起
**　　　四星級旅館雙人房一晚約€80起**

H招牌下面的星星數量代表旅館的星級

旅館門口都會掛有「H」的招牌

　　分為五個星級，旅館門口通常都會標示，一般來說價格較高，房間較為舒適，至於有沒有附早餐要看各旅館的規定。基本上，一或二星級的旅館不一定會附上洗髮精和沐浴乳等，必須要自行攜帶。規模越大、服務越好的飯店，等級當然也就比較高。但是有些一或二星級的飯店，可能只是因為房間數量不多，未達到三星級以上的標準，但是服務很好，房間也很清潔明亮，甚至還有附上早餐，所以在選擇旅館時，不要單以星等來評判旅館的好壞，先看清楚各旅館的資訊，再來判定自己想要訂哪一家囉！

　　較高級的飯店除了24小時都有櫃檯服務之外，也有可能提供販售郵票、明信片、旅遊卡或代訂行程等的服務，在Check-in的時候可以注意一下，或詢問櫃檯人員。另外，也可能提供洗衣服的服務，一樣可以詢問櫃檯。而在高級飯店要給小費，遇到搬運行李的人員、客房服務及櫃檯人員，可能都要給一點小費，才不會失禮喔！

三星級旅館的單人房

網路預訂

最後一分鐘訂房系統
網址：www.ratestogo.com
旅館預訂服務
網址：www.hotels.com
網址：www.booking.com

畫面擷取自：最後一分鐘訂房系統網站
www.ratestogo.com

住宿小提醒

掌握淡、旺季，價格差很多！
有些旅館的價格有分為淡季(Temporada baja)、旺季(Temporada alta)，旺季的價格會比淡季提高一些，視每家旅館的規定。基本上7、8月算是旅遊旺季，旅館價格可能會提高。另外，若有地方重大節慶，譬如賽維亞4月的春會，當地的旅館幾乎都會提高到旺季的價格。

旅社 / 民宿

網路預訂
www.hostelbookers.com
www.hostelsclub.com
www.spainhostels.com

優點：較爲便宜
缺點：衛浴共用，須自備盥洗用具
價位：雙人房一晚約€22起

比旅館便宜，旅社（Hostal）有分一到三星級，通常是規模較小的旅館，一般並不會附盥洗用具，必須自行攜帶。旅社可能坐落在類似住宅區的地方，一般在大城市可能只占公寓的一層樓或一部分，並沒有像旅館一樣的大廳，通常也沒有電梯。民宿（Pensión）則爲家庭經營的住宿點，很類似旅社，但一般來說會布置的較爲溫馨，也可以跟民宿的主人多聊聊天。另外，不一定會24小時開放，可能會有夜晚門禁時間的限制，須跟櫃檯人員詢問清楚。有些民宿會直接附上大門的鑰匙，就不需要擔心晚歸的問題。

住旅社及民宿要多加注意安全問題，因爲旅社通常在2樓以上，晚歸時要注意有沒有人跟在後頭，或是樓梯間是否有人，盡量結伴同行爲佳。

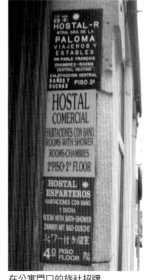

在公寓門口的旅社招牌

Hotel或Hostel的「H」後面加上一個「R」，是「Hotel (Hostel)Residencia」的縮寫，意指「這家旅館沒有餐廳」。

 小角落 大發現

不在門上的大門開關

住在西班牙的房子裡，想要出門時找來找去卻找不到可以開門的地方，不要緊張，稍微往裡面走一點，一定會發現有一個按鈕，通常上面會有個「鈴鐺」的符號，只要按一下，門就會開了。住旅館的人比較不需要擔心會碰到這樣的問題，但若是住在2或3樓的旅社，晚上通常會把1樓的大門鎖上，避免不肖人士闖入，若一早出門發現大門尚未打開，只要找一下就可以囉！

住宿篇

青年旅館 / 背包客棧

優點：價格便宜、可結交各國的朋友
缺點：房間、衛浴須與他人共用
價位：單人床位一晚約€14～25不等

「青年旅館」提供世界各地的青年朋友便宜的住宿地點，通常為至少4人以上同住1房，男女分開的住宿方式（並非全部），價格會依據房內床位多寡、衛浴是否在房內等因素而有所不同，入住青年旅館需出示青年旅館證。但近年來也有不少私人旅社採取類似的模式，也就是我們比較常聽到的「背包客棧」。這些青年旅館/背包客棧大多是為了促進各國旅人的交流，很多都附有交誼廳和簡易的茶水間、甚至廚房，而青年旅館多附早餐、背包客棧則不一定，選擇這一類

的住宿，好處是比較容易結交到來自世界各地的朋友，對於獨自旅遊的人，算是較為安全的選擇，甚至可以與新夥伴共同出遊，但也因為與其他人共用房間，自身的財物必須隨時注意保管好。

青年旅館網站預訂

網址：www.hihostels.com
小提醒：有些青年旅館是沒有男女分房的，訂房時可以多注意一下，避免入住時覺得錯愕。

【提供4家位於市中心的青年旅館】

馬德里

La Posada de Huertas
地　址：C/ Huertas 21
電　話：91 429 55 26
傳　真：91 429 35 26
網　址：www.posadadehuertas.com
e-mail：info@posadadehuertas.com
位　置：地鐵1號線Antón Martin站附近，與calle Atocha平行

Way Hostel Madrid
地　址：C/ Relatores,17
電　話：91 420 05 83
網　址：www.wayhostel.com
位　置：地鐵1號線Tirso de molina廣場旁巷子

巴塞隆納

Center Ramblas
地　址：C/ Hospital 63
電　話：93 412 40 69
傳　真：93 317 17 04
網　址：www.center-ramblas.com
e-mail：reservas@center-ramblas.com
位　置：與蘭布拉大道(Las Ramblas)垂直，地鐵3號線Liceu站附近

Be Hostels Mar
地　址：C/ Sant Pau, 80
電　話：93 324 85 30
傳　真：93 324 85 81
網　址：behostels.com/mar
e-mail：mar@behostels.com
位　置：搭乘地鐵3號線至Liceu，往下走右手邊可以看到此街。

特色國營旅館

優點：位於風景優美區或具歷史價值的建築中，非常有特色
缺點：地點通常較爲偏遠，須開車或搭乘巴士才能抵達
價位：雙人房一晚約€100～300不等

這是由政府自1928年起陸續開始經營的旅館，大多設置在具有歷史或藝術價值的建築中，或是自然風景優美的地方，有可能是城堡、修道院，或是以往貴族住的地方，全西班牙共有約九十幾家的國營旅館（Paradores de Turismo），價格約在€100～300不等（爲雙人房一晚價格，不一定含早餐），但有許多優惠方案可供參考，網上訂房時須先選取要使用的優惠方案和價格。

國營旅館的飲食通常都具有濃厚的地方特色，加上放眼望去即是美景，想爲自己的旅途增添難忘的色彩，體驗一下中古世紀的生活，不妨考慮到國營旅館住幾天喔！

國營旅館優惠方案

● **青年優惠方案(Escapada Joven)**：只要有一人的年齡介於18～30歲，就可以使用青年優惠價格來訂國營旅館，即房價的85折，早餐部分可享有7折優惠，但要注意的是每間房內皆必須有一人符合年齡限制。

● **黃金優惠方案(Días Dorados)**：55歲以上的長者訂房，可享有各房型房價9折優惠，早餐部分可享有7折優惠，每間房內只要有一人符合年齡條件即可。

● **二晚優惠方案(Especial 2 noches)**：在普通雙人房住宿兩晚以上，可以享有房價85折優惠，早餐和餐廳的菜單部份，可享有8折優惠。

● **住宿5晚優惠卡(Tarjeta 5 noches)**：價格爲€575，平均每晚每房€115，可在西班牙任一家國營旅館使用，不含早餐，但可享有餐廳8折優惠(不含飲料)。某幾間旅館在特定時期會加收費用。本卡可在任一家國營旅館購買，不提供寄送台灣的服務。建議會在西班牙停留較長時間再行購買。

訂房小提醒

重大節慶及假日不適用以上的優惠方案，網上訂房時若沒有出現優惠方案選項，就可能是該日期不適用此方案。

網路預訂

西班牙國營旅館(有英文頁面)
網址：www.parador.es

位在懸崖峭壁上的Ronda國營旅館

租公寓

優點：可以自行炊煮、洗衣等
缺點：短期價格偏高
價位：雙人公寓套房一晚約€70起(參考馬德里價格)

　　若有兩人以上同行，在同一個地方待較長的時間(約一週以上)，建議可以承租公寓(Apartamento)或套房(Estudio)，價格不會比旅館貴，通常租的時間越長，價格會越便宜。好處是有自己的廚房，可以在超市買些食材自己煮東西來吃，可省下不少餐費，更可以讓自己在旅途中有個「家」的感覺，體驗當地居民的生活。

網路預訂

www.rent4days.com
www.apartments2book.com
www.apartasol.com(馬德里)

住宿小提醒

帶不帶吹風機看天氣
到底要不要帶吹風機？如果是住在較好的旅館，就有可能會附有吹風機，但若為了省錢而住在旅社的話，就要自己準備了。基本上，西班牙夏季較為乾燥炎熱，白天也較長，洗完頭用毛巾擦乾後，過一下子就會全乾了，可以不用帶吹風機，減輕重量。但冬季頭髮不容易乾，最好還是攜帶一下囉！並且要注意變壓和轉接插頭的問題。

住宿有「禮」！

 公共場合勿衣衫不整
只要出了房門，都算是公共場合，請不要穿著睡衣、拖鞋在走廊上行走。

 部分旅館須遵守門禁時間
高級飯店沒有門限時間，其他住宿地點最好在Check-in時詢問清楚。Hostal和青年旅館基本上晚上是會關起大門的，若要晚歸須事先告知櫃檯人員，而有些家庭式的小旅館，會直接附上大門的鑰匙，則沒有門禁問題。

 勿深夜淋浴
盡量不要在深夜淋浴，以免吵到其他房客，另外，淋浴間都會有拉門，淋浴時一定要拉上，因為浴室地板沒有排水孔，會造成積水。若在浴缸中淋浴，也請記得要將浴簾拉上，浴簾底部收在浴缸內部，水才不會流出去喔！

P代表民宿(Pensión)

H中間有個小小的S，是旅社(Hostal)的標誌

安達魯西亞省旅館協會的標誌

應用西班牙語ＡＢＣ

應用單字

Mañana / 明天

Hoy / 今天

Por la Mañana / 上午

Por la Tarde / 下午

Por la Noche / 晚上

Habitación Para Una Persona / 單人房

Habitación Doble / 雙人房

llave / 鑰匙

Equipamiento / 設備

Agua / 水

Agua Caliente / 熱水

Vaso / 玻璃杯

Champú / 洗髮精

Gel de Ducha / 沐浴乳

Secador de Pelo / 吹風機

Toalla / 毛巾

Jabón / 肥皂

Aire Acondicionado / 空調

Calefación / 暖氣

Ventana / 窗戶

Teléfono / 電話

Televisión / 電視

Caja de Seguridad / 保險箱

Internet / 網路

Wifi / 無線網路

Con Baño / Ducha / 附設浴室 / 淋浴間

Baño Compartido / 共用浴室

Con / Sin Desayuno / 含 / 不含早餐

Abierto 24 Horas / 24小時開放

Centrica / 近市中心

實用會話

He reservado una habitacion.
我有預訂一間房。

¿Tiene todavía habitación libre para una persona/ dos personas/ tres personas?
請問還有空的單人房 / 雙人房 / 三人房嗎？

¿Puedo mirar la habitación?
我可以先看一下房間嗎？

Quiero reservar por tres noches.
我要預訂3個晚上。

¿Puedo pagar con trajeta de crédito?
可以使用信用卡付款嗎？

He olvidado la llave en la habitación.
我把鑰匙忘在房間內了。

¿Puedo cambiar a una habitación con ventanas?
我可以換一間有窗戶的房間嗎？

¿Cuánto cuesta por una noche?
一個晚上多少錢？

¿Tiene habitaciones más baratos?
有更便宜的房間嗎？

¿El desayuno está incluido?
有包括早餐嗎？

¿A qué hora puedo desayunar?
請問幾點可以用早餐？

¿Dónde puedo desayunar?
請問在哪裡用早餐？

¿A qué hora tengo que check-out?
請問該幾點退房？

¿Podría guadarme el equipaje?
我可以把行李寄放在這邊嗎？

La calefación / el televisión está roto, ¿puedo cambiar habitación?
暖氣 / 電視壞掉了，我可以換一間房間嗎？

¿Puedo usar Internet en el hotel / en la habitación?
我可以從旅館 / 房間內上網嗎？

¿Puedo añadir una cama en la habitación?
我可以在房間裡加床嗎？

¿Tiene el servicio para lavar las ropas?
請問有提供洗衣服的服務嗎？

交 通 篇
Transportation

西班牙走透透，
該用什麼交通工具？

旅遊西班牙，不可不認識交通工具，其優缺點、搭乘方式與相關優惠都與行程花費大大有關，如何省錢、買票、怎麼搭乘等等，本篇都有詳細解說。

搭火車

西班牙國家鐵路局稱為「Renfe」，聯繫著全西班牙的交通，在西班牙境內旅遊，搭乘火車幾乎皆可抵達各個城市。西班牙火車依速度大致分為下列幾種：

長程火車Grandes Lineas

可開往歐洲其他國家

如Talgo、Arco等，銜接長途的旅程，主要是連接相距400公里以上的城市，Talgo除了西班牙本土之外，還有列車開到歐洲其他城市。而夜車如Trenhotel、Estrella也隸屬其中，車上設有臥鋪，一般都是晚上7點以後發車，到達目的地時間為隔天的上午，價格並不會偏高，但要加上臥鋪的價錢。若要轉換到較遠的城市，搭乘夜車可以幫助你省下一個晚上的住宿費，也是很划得來的喔！

地方火車Regional/Express

可攜腳踏車隨行

分為Regional（區域）Express（快捷）兩種，各地會有不同的名稱，譬如安達魯西亞就有當地的Andalucia Express，通常不需要劃位，有些車廂甚至可以攜帶腳踏車，方便你到其他城市也可以騎乘腳踏車。住在郊區的西班牙人甚至每天通勤，搭乘Regional火車到城市上班。

下車時要按綠色鈕開門

AVE

服務最好最快速

AVE是西班牙最快速且服務最好的火車，車上有播放電影、可以聽音樂之外，也有餐車可供休憩，喝杯咖啡休息。每人座位前都有桌子可供閱讀，搭乘頭等艙和AVE Club艙更有服務小姐來服務，跟飛機上的服務可說是不相上下！

Renfe網站：www.renfe.com
客服電話：90 215 75 07(可在07:00～23:00撥打)

教你如何從網站上查詢火車時刻

Step 1 進入國家鐵路局Renfe的英文頁面，點選右邊Timetable and Prices，輸入起迄車站、日期等。

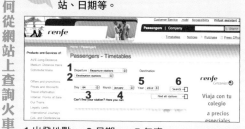

1.出發地點　3.日期　5.年度
2.目的地　4.月份　6.點選搜尋

Step 2 查看火車班次圖

1.出發地點　4.車次　7.車程時間
2.目的地　5.出發時間　8.網路購買價格
3.日期　6.抵達時間　9.車站購買價格

西班牙3大城市主要火車站交通

馬德里Puerta Atocha

銜接交通
地鐵：1號線，Atocha Renfe站
近郊火車：馬德里所有近郊火車
公車：24、36、41、47、51、55等

周邊環境
鄰近普拉多美術館、蘇菲亞皇后美術館、提森美術館、雷提諾公園等。

至市中心的方式
地點：太陽門(Puerta de Sol)
搭乘地鐵1號線至Sol站；或步行可至約15～20分鐘。

與其他城市距離
巴塞隆納：約4.5小時
賽維亞：約2.5小時(AVE)

巴塞隆納Sants Estacío

銜接交通
地鐵：L3、L5線，Sants Estacío站
近郊火車：巴塞隆納所有近郊火車
公車：32、78、109等

周邊環境
鄰近西班牙廣場、米羅公園等。

至市中心的方式
地點：加泰隆尼亞廣場(Plaça Catalunya)
搭乘地鐵L3線、或搭乘近郊火車1、3、7號皆可抵達。

與其他城市距離
瓦倫西亞(Valencia)：約3小時
Zaragoza：約3小時

賽維亞Santa Justa

銜接交通
公車：公車32、C1、C2號

周邊環境
步行10分鐘可至市中心外圍。

至市中心的方式
公車32號可搭至plz.Encarnación(蛇街附近)；公車C2搭至Menéndez Pelayo，可達Santa Cruz區。

與其他城市距離
加的斯(Cádiz)：約2小時
馬拉加(Málaga)：約2.5小時
格拉那達(Granada)：約3小時

教你分辨車廂等級

長途火車分為四個等級，分別為Turista、Turista Plus、Preferente、Club。Turista為一般常見的經濟車廂，比Turista等級稍好的Turista Plus，座位會比較舒適一些，價格約多出2成。Preferente就是所謂商務車廂，有時會有附餐的服務。而Club車廂只有在某些較長程的Ave特快車才有。當然越高等級的價錢會高，建議即早計畫上網查詢票價，因為不管是那一種車廂，提早買都有機會可以買到比原價優惠很多的折扣票。(詳見P.64)

Preferente為商務車廂

Turista為二等經濟車廂

Llegada白色的時刻表標示到站班次及時間

從人工售票處購票

Step 1 找到售票處

各火車站都會有一個藍色的招牌，寫著「Venta de billetes」，表示是「售票處」的意思。

Step 2 辨識售票櫃檯資訊

售票處的櫃檯上面都會有牌子顯示購票的資訊，方便區分購買今日票或預先購票的旅客，有效的區分讓趕時間的旅客不至於等太久而買不到票。大車站櫃檯較多，也會區分的比較細，而像馬德里和賽維亞甚至有特別分出購買AVE特快車的櫃檯。

幫你快速找到櫃檯

● **Venta Anticipada＝預先購買**
販售隔天以後的火車票，可以預先購買60天以內的車票。

● **Venta de hoy＝今日車票**
只售出當天出發的所有火車班次。

● **Próxima Salida＝即將出發的火車**
若要搭乘馬上就會出發的列車，可以在此購買。而馬德里和賽維亞可能會有專門的櫃檯，顯示「AVE Próxima Salida」，表示該櫃檯只專門販售即將出發的AVE特快車車票。

● **Rogamos Comprueben los datos de sus billetes＝車票日期證明**
專門提供已持有車票，需加蓋日期章的旅客使用，若購買西班牙火車通行證，第一次使用時，可以直接至此櫃檯蓋章。

Step 3 抽取號碼牌

預購票的櫃檯需要抽取號碼牌，其他櫃檯視情況而定，看到自己要排隊的售票口掛牌上有顯示號碼，就表示要抽取號碼牌，若無則直接排隊即可。若號碼牌區分得更細，譬如向有分出「國際線」的預售窗口，在抽取號碼牌時就要注意，不過不用擔心，分的太細的車站，會有一個服務人員直接站在櫃檯幫你抽號碼牌，只要跟服務人員說明你要買什麼票就可以了。

Step 4 購票

將購票資訊告知櫃檯人員，可以參考下面的「購票小紙條範例」，事先寫好在一張紙上，直接遞給櫃檯人員。

購票小紙條範例

● Quiero comprar＿＿＿＿＿＿billete(s), por favor.
　我想要買＿＿＿＿＿張票，謝謝。
● □Sólo Ida 單程　□Ida y Vuelta 來回
● Clase車廂等級：
　□Preferente 頭等車廂　□Turista 經濟車廂
● Desde(從)＿＿＿＿＿＿a(到)＿＿＿＿＿＿
● Ida去程：Fecha日期＿＿＿＿＿＿＿＿＿
　　　　　Horario發車時間＿＿＿＿＿＿＿
● Vuelta回程：Fecha日期＿＿＿＿＿＿＿
　　　　　　Horario發車時間＿＿＿＿＿＿

Step 5 付款取票

可以用信用卡或現金付款，付款資訊會顯示在車票上，收據請一併妥善保管。

Steps 人工售票處購票步驟

1. 找售票處 →	2. 依看板資訊排隊 →	3. 抽號碼牌 →	4. 買票 →	5. 付款取票

售票處標示

各櫃檯服務項目不同

TURNO

按鈕取號碼牌

交通篇

從自動售票機購票

Step 1 選取目的地城市

短程火車或地區火車票才可使用。先選取要去的城市，若目的地未顯示在上面，表示不可用此機器購買。

Step 2 選取單程或來回

先找到搭乘的車種，不同車種會在不同顏色的區塊中，選取單程(Sólo Ida)或來回票(Ida y Vuelta)。

Step 3 投入紙鈔或硬幣

依照螢幕上顯示的價格，投入紙鈔或硬幣。

Step 4 取出車票及找零

在下方的票孔取出車票，且不要忘記取出找回的零錢。

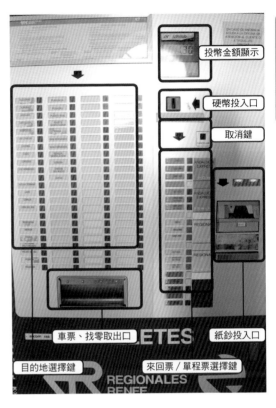

投幣金額顯示

硬幣投入口

取消鍵

車票、找零取出口

紙鈔投入口

目的地選擇鍵

來回票／單程票選擇鍵

來回車票小提醒

一般來說，購買來回車票絕對會比購買兩次單程車票來的便宜，但若是不確定自己旅途回程的時間要怎麼辦？不用擔心，只要車票上有顯示「Conservarse Hasta El Regreso」(請保留車票至回程)及「Validez De Regreso 60 Dias」(回程有效期限60天)，則表示在60天內，持此車票票根去購買回程車票，就可以享有來回票的折扣喔！

Steps ▶ 自動售票機購票步驟

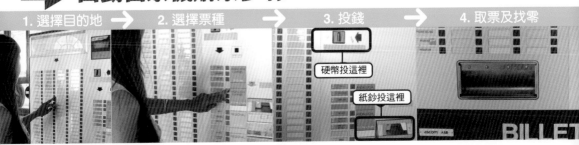

1. 選擇目的地 → 2. 選擇票種 → 3. 投錢 → 4. 取票及找零

硬幣投這裡

紙鈔投這裡

從網路上購票

　　若擔心買不到票，可以事先在網路上購買62天之內的火車。一般來說只能購買較長程的火車票，短程的地方火車是無法預先購票的。而西班牙國鐵針對較長途的火車，推出了一些不同種類的優惠票（參考P.64），提早上網購票比較容易撿到便宜喔！

＊以下畫面擷取自西班牙鐵路網：www.renfe.es

Step 1 選取起迄城市、單程、來回或多點、日期以及人數

1. 來回票　　4. 出發地　　7. 回程日期
2. 單程票　　5. 目的地　　8. 乘客人數
3. 多點票　　6. 出發日期

Step 2 選取班次及票價

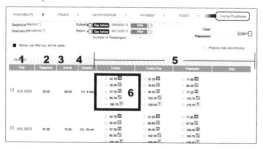

1. 車次　　　3. 抵達時間　　5. 車廂種類
2. 出發時間　4. 車程時間　　6. 折扣票種符號

Step 3 確認購買資料

1. 車廂等級　2. 價格　3. 折扣票種　4. 總金額

Step 4 填入個人資料

1. 電子郵件信箱　　5. 護照號碼　　9. 省分
2. 名字　　　　　　6. 地址　　　　10. 電話號碼
3. 姓氏　　　　　　7. 郵遞區號　　11. 國家
4. 證照種類，選取　8. 城市　　　　12. 是否願收到Renfe
　 護照Passport　　　　　　　　　　 電子報優惠訊息

Step 5 填入信用卡資料

1. 信用卡種類　3. 卡片持有人姓名(去掉符號)
2. 信用卡卡號　4. 有效期限　　5. 信用卡背面末三碼

交通篇

Step ① 記下代碼，至取票機輸入代碼取票

購買成功後，會收到一組6個英文及數字組合而成的代碼，將代碼記下(最好可以將購買記錄列印下來)，到西班牙後再至取票機輸入代碼取票。

購票代碼，憑此代碼取票

1.車廂號碼
2.座位

取票機

購票小提醒

上網購買西班牙國鐵票券時，偶而會遇到信用卡無法刷過的狀況，這時請換一張跨國銀行的信用卡(如花旗、匯豐等)再試試看，成功的機率會比較大。

取票步驟

Step ① 點選第一項進入取票頁面

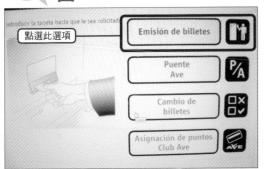

點選此選項

Step ② 直接按下繼續鍵進行下一步

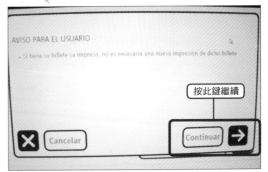

按此鍵繼續

Step ③ 輸入6位英數代碼，再按下確認

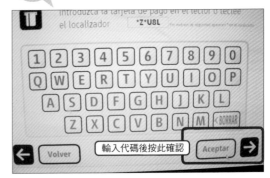

輸入代碼後按此確認

Step ④ 機器列印票券，取票

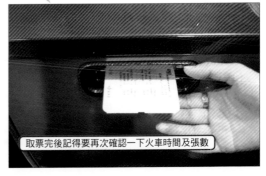

取票完後記得要再次確認一下火車時間及張數

優惠車票聰明選，旅途省錢好幫手

除了前頁的車廂分等，價格會有所不同之外，西班牙國鐵推出了非常多種的長程火車優惠方案(不包含地方性的區間車)，有些需要注意購買時程，有些是以年紀區分，有些是要用搶購的，這些折扣適用於各種等級的車廂，有時會發現商務車廂的折扣票買下來甚至比經濟車廂無折扣的車票還便宜。所以提早注意鐵路行程，尋找最適合且最省錢的票價方案，可以節省下不少旅費，非常值得喔！

票種	折扣	購票規定	退票	換票
Ida y Vuelta 來回票	8折	往返兩固定的點，回程須為去程時間後一年內。	可單獨退其中一趟車程，收取40%票價為手續費。	可單獨換其中一趟車程，無手續費，另換票價格較高時須補差額。
Múltiple 多點票	8折	可購買三趟旅程，出發點與第三趟的回程目的地須相同。**購買方式：**在購票首頁選擇Multiple後，分別輸入三趟旅程的起點Origen、終點Destino和日期Fecha Salida。	可單獨退其中一趟車程，收取40%票價為手續費。	僅可換相同出發點與目的地的車票，無手續費。
Promo 促銷票	3折	不可選位	不可退票	不可換票
Promo+ 促銷票	3.5折	無	可退票，收取30%手續費	可換票，收取20%手續費，換票價格較高時須補差額。
Flexible 開放票	無折扣	原價票，僅在退換票時可使用較好的方案。	可退票，僅收取5%手續費	換票不收取手續費，換票價格較高時須補差額，反之較低時退還差額。
Mesa 桌位票	4折	Ave車廂中4個面對面的座位，一次買4個座位，適合家庭或團體購買。(人數未達4人也可使用，點選後須選取使用的人數)	退票收取50%手續費	不可換票

*以下資訊時有異動，出發前請再次確認

教你看懂火車票上的資訊

1.車號
2.車廂等級：經濟車廂Turista，符號為「T」；頭等車廂Preferente，符號為開頭的「P」
3.出發日期
4.出發時間
5.抵達時間
6.車廂號碼
7.座位號碼
8.為禁煙車廂
9.出發車站
10.目的地車站
11.保留此車票，購買60天內的回程車票
12.票價，已含7%的稅
13.月台安檢將在發車前2分鐘關閉
14.購買本車票的日期時間

交通篇

學會搭乘火車

Step 1 確認火車班次及月台

各火車站都有看板標示火車資訊，在進站搭乘前，要先注意火車的時間和月台。以下文字為「Step 1」圖示說明：

❶ Salida / Departure＝出發
　　(若為抵達車班，資訊則會顯示Llegada / Arrival)
❷ Hora＝發車時刻
❸ Destino＝經過XX城市，終點站XX城市
❹ Tren＝車種
❺ Vía＝月台
❻ Observaciones＝備註，停靠哪些城市

Step 2 部分車站須檢查行李

通常搭乘較長途的列車(Grandes Lineas)需要檢查行李，以防範恐怖攻擊，檢查方式類似在機場海關一樣，不過規定並不像搭機那麼嚴格，只要記得搭乘長途火車要加入檢查行李的時間，提早一點到。馬德里車站2樓往月台的入口前會統一檢查行李。

Step 3 找到月台

找到該班火車的月台，上車前可以查看月台上的看板，是否為自己要搭乘的班車。

Step 4 確認車廂

找到經濟車廂，或是頭等車廂，觀看車廂門口上面標示的車廂號，走到自己的車廂再上車，若在別的車廂上車，要將行李拉到自己的座位，可能會很麻煩，而且造成別人的不便。

Step 5 尋找座位

依照車票上面的座位編號找到自己的座位坐下。一般長程火車都是會劃位的，若是使用在台灣購買的「西班牙國鐵券」，最好還是先行至車站櫃檯劃位，避免火車客滿。地方火車毋須劃位，直接找空位坐即可。

Step 6 車掌查票

除了某些火車會在發車的車站事先驗票之外，在中途的停靠站上車，或是搭乘地方火車，都會有車掌來查票，所以車掌經過時出示車票即可。一般來說，車掌會大致記得驗過票的位置，不會重複要求驗票。

Steps 搭乘火車步驟

1. 確認火車資訊 ➡ 2. 檢查行李 ➡

❶
❸ ❹ ❺ ❻

➡ 3. 找到月台 ➡ 4. 確認車廂

發車時刻、班次
07:00 AVE 9514
SEVILLA STA JUSTA
5
月台編號　終點站
車廂編號
車廂等級
Turista

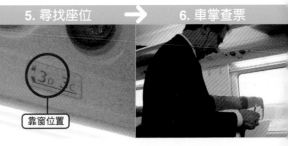

➡ 5. 尋找座位 ➡ 6. 車掌查票

3D
靠窗位置

近郊火車

適合短程旅途

近郊火車（Cercanías）顧名思義就是較近、較短程的火車，銜接都市和其近郊的城市。一樣是由西班牙國家鐵路局所經營，只在某些特定的省分有營運，基本上，較大的城市如馬德里、巴塞隆納及賽維亞都有，但對於遊客來說，或許比較有機會搭乘的到馬德里或巴塞隆納的近郊火車。馬德里可以搭至附近的城市如Toledo，而巴塞隆納的機場線即是近郊火車。

西班牙火車通行證

適合長途旅程

若已規畫好完整行程，可事先在台購買歐洲的火車通行證，「歐洲火車通行證」可在歐盟國家內跨國使用，包含有歐洲28國、任選4國，或是西班牙搭配法國或義大利的雙國火車通行證，票價依據搭乘的天數和跨國的範圍而有所不同。另也有單一國家的「西班牙火車通行證」和「Renfe西班牙火車通行證」，可以依據自己的行程和需求選擇適合的票種，至西班牙國鐵網站（www.renfe.com）或到當地時再直接去火車站櫃台劃位即可。這些票證一般不包含訂位、餐飲、睡臥鋪費用，將在劃位時收取。而票證的價格通常分為頭等艙和二等艙，有些還另有青年優惠票（未滿26歲青年）。

使用西班牙的火車票券要注意的是，西班牙中長

搭乘小提醒

近郊火車都有自己的車站，但通常所有近郊火車都會在該城市的主要車站交會，所以只要到主要的火車站，找到近郊火車的月台，即可搭乘。

參考網站：www.renfe.es/viajeros/cercanias

可直接點選此處或點圖看該城市的近郊火車網

＊畫面擷取自網站

火車通行證哪裡購買

飛達旅行社
網址：www.gobytrain.com.tw
地址：台北市大安區光復南路102號7樓(華視光復大樓)
電話：(02)8771-5599
時間：週一～五09:00～20:00、週六10:00～18:00

購票小提醒

買車票時請自行算好會旅遊的天數，因為車票是對姓名和護照的，如果有剩餘天數，並無法轉讓給其他朋友。另外，若需要退票，必須是「完全沒有使用過」，也就是沒有蓋上生效章，才可以辦理退票，而且退票不會全額退還，另外還要收取退票手續費。而車票若遺失是無法補發的，請謹慎保管。

程的火車是不提供站位的，所以搭乘前都必須要儘早訂位，才能確保行程的順暢，另外也建議購買前先精打細算一下，較為長途的旅程再來使用這些票券，短程的移動則建議直接當地購買車票即可。

西班牙火車通行證介紹表

票種	天數／效期	開票價格	訂位費用	臥鋪	使用方式
西班牙火車通行證／Eurail Spain Pass	一個月內任選3/4/5/8天	€6	不含	可	第一次登上火車前，至櫃台蓋章並由站務人員填寫護照號碼，之後每次使用填寫上日期，要注意不可塗改，中長途火車建議都需事先訂位
Renfe西班牙火車通行證	一個月內任選4/6/8/10/12段旅程	€6	包含	不可	非火車票券，單持本券無法搭車，但可憑券免費訂購包括Ave在內的中長途西班牙火車票(不包含夜車)，再列印電子車票搭乘。持證可享其他周邊優惠

交通篇

從自動售票機購買近郊火車車票

Step 1 選擇票券種類

基本上只需選擇單程或來回票即可，其他選項有可能因為城市不同，而販售該城市其他交通票券。如巴塞隆納的T10交通票券適用於包含近郊火車在內的所有交通工具，所以也可在近郊火車售票機購買到。

Step 2 選擇目的地

找到並點選自己要去的目的地，基本上會以字母排序，若沒看到請點選「下一頁」來尋找。

Step 3 投入紙鈔或硬幣

螢幕會顯示票價，依顯示價格投入紙鈔或硬幣即可。

Step 4 取票及找零

取出車票及找零錢。

近郊火車票票面解析

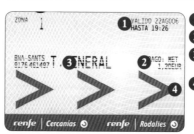

1 有效期限
2 票價
3 車票種類
(此為一般車票)
4 依箭頭方向
插入打票孔

自動售票機解析

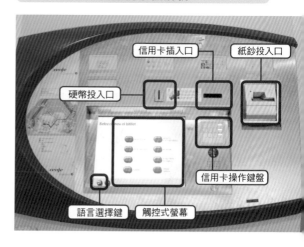

信用卡插入口　　紙鈔投入口
硬幣投入口
信用卡操作鍵盤
語言選擇鍵　　觸控式螢幕

Steps ▶ 購買近郊火車票步驟

1. 選擇票券種類 →	2. 選擇目的地 →	3. 投錢 →	4. 取票及找零

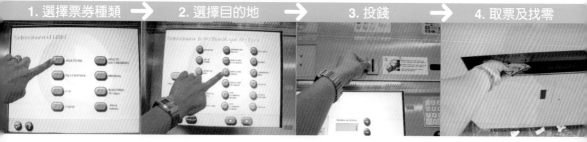

搭公車

搭車方法

基本上，西班牙的公車皆為前門上車刷卡或買票、下車時皆由後門下車。

票價範圍

每個城市的票價都不太一樣，單次搭乘大約為€2上下，只要直接上車後向司機購買車票即可，通常各城市都會推出公車10次券或公車月票等，可以在菸草店（Tabaco）或書報攤買到。

辨識編號

基本上，公車的編號都是以數字為原則，但有兩個符號表示特定的意思。

● **C開頭的公車**：C表示圓（Circulo）的意思，也就是此公車是在特定範圍內，以繞圈的方式行駛。通常會有兩個方向，數字相對，譬如C1是順時針方向行駛，則C2就是反過來以逆時針方向行駛，以此類推，C3、C4為一組，行駛路線是相反的。

● **N開頭的公車**：N表示晚上（Noche）的意思，也就是夜間公車，只有在夜間行駛。

搭長途巴士

便宜但耗時較久

銜接近郊或各大城市，一般火車沒有到的城市，都可以搭乘長途巴士抵達。大城市間也有長途巴士可以銜接，比起火車和飛機便宜許多，但是相較起來，搭乘的時間較久，舒適度當然也較差，可能千辛萬苦搭到了目的地，卻已經累的受不了，而喪失了遊玩的興致，但若為了省錢的考量，還是可以考慮搭長途巴士。

西班牙各地的長途巴士公司很多，並沒有統一的網站，最方便的方法是直接到巴士車站去詢問，而巴士公司通常也會有自己的DM，列出巴士時刻表。若已經計畫好出發的行程，最好事先至車站購票，以免出發當天大排長龍。

搭乘長途巴士時，依照車票上的資訊找到月台（Vía），若是預先購票或上網購票，要注意發車車站是否有所不同。一般長途的巴士可以將大行李放在巴士側邊的行李放置區，然後持票上車，找到自己的座位坐下即可。

馬德里及巴塞隆納的巴士總站有自己的網站，可上網查詢各長途巴士公司的發車時間及營運城市等（詳見「馬德里及巴塞隆納交通篇」P.79和P.88）。

搭廉價航空

若要到距離較遠的城市，或是西班牙的小島，可以選擇搭乘廉價航空班機，西班牙有好幾家廉價航空公司，會不時地推出便宜機票。一般來說，時段較差的班機機票會較便宜，但也可提早注意這幾家航空公司的網站，不同時間會有不同的機票和行程優惠，幸運時甚至可以買到€0.99自馬德里飛巴賽隆納的機票，非常划算。

也要有心裡準備，廉價航空的服務品質也隨之精簡，班機停靠的機場也不一定在該城市的主要機場，需注意搭乘的機場是哪一個。而通常從點選購買到要準備線上付款時，會發現每加一項服務就要加一些錢：譬如託運行李、櫃檯Check-in等等，都

是有可能要加錢的，購買時需仔細看清楚每一個項目的價格、並點選需要的服務，才不會到付款時搞不清楚金額爲何增加，也不會因爲沒勾選到，而到現場時無法使用該項服務。另外，機上的飲料和食物基本上都是要付費的。

但整體來說，搭乘飛機比火車省時，票價也不一定比火車貴。若買到便宜的機票更是物超所值，右上推薦幾個廉價航空的網站。

> ## 廉價航空網路預訂
>
> Iberia：www.iberia.com
> Spanair：www.spanair.com
> Vueling：www.vueling.com (較便宜)
> Ryanair：www.ryanair.com (較便宜)

租車

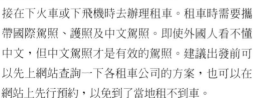

機場入境處，和各火車站出口，都會有租車公司在此服務，所以若要租車可以直接在下火車或下飛機時去辦理租車。租車時需要攜帶國際駕照、護照及中文駕照。即使外國人看不懂中文，但中文駕照才是有效的駕照。建議出發前可以先上網站查詢一下各租車公司的方案，也可以在網站上先行預約，以免到了當地租不到車。

租車注意事項

● **車型要嬌小**：建議租小台一點的車子，西班牙很多街道都很狹窄，又是單行道，所以要去一個地方可能要繞來繞去開很久。

● **大多手排車**：歐洲車多爲手排車，自排車的價格可能很高，所以建議一定要學會開手排。

● **買全險**：建議購買全險。

● **依里程數選擇計價方式**：依照自己規畫的里程數，來選擇計價方案，有些便宜的方案會限制里程。

> ## 3大租車公司網站
>
> Hertz：www.hertz.com
> Europcar：www.europcar.com
> Avis：www.avis.com

搭計程車

西班牙的計程車一樣是採跳錶計費的方式，各城市起跳價格不一。計程車可以隨招隨停，但西班牙的計程車並不像台灣那麼多，如果不在計程

攝影／王黍文

車招呼站等的話，可能走了半小時都還招不到一輛空車，所以若有需要搭乘，最好還是先找計程車招呼站。一般在市中心人潮較多的地方，或觀光景點附近會比較容易找得到計程車招呼站，若離市區較遠，建議詢問一下附近商家是否知道招呼站的地點，或直接打電話叫車。

叫車電話看這裡

馬德里
- Radio Taxi Asocialción Greminal：91 447 51 80
- Radio Taxi Independiente：91 405 12 13
- Euro Taxi：91 547 85 00
- Tele-Taxi：913 712 131

巴塞隆納
- Radio Taxi 033：933 033 033
- Cooperativa de Radio Taxi Metropolitana de Barcelona：932 250 000

賽維亞
- Radio Taxi Giralda：954 675 555
- Tele Taxi Sevilla：954 622 222
- Radio Taxi：954 580 000

應用西班牙語ABC

應用單字

Estación de Trenes / 火車站
Vía / 月台
Salida / 出發
Llegada / 抵達
Billete de Ida / 單程票
Billete de Ida y Vuelta / 來回票
Adulto / 大人
Niño / 小孩
Asiento / 座位
Fumadores / 吸煙區
No Fumadores / 非吸煙區
Ir de_____a_____ / 從_____到_____

實用會話

¿Está aquí ocupada?
這裡有人坐嗎？

Perdone, he perdido el tren. ¿puedo cambiar el billete?
對不起，我錯過火車了，請問可以更換車票嗎？

¿Me da un horario? Por favor.
可以給我一份時刻表嗎？

Quiero reservar un asiento.
我要預訂一個座位。

Tenemos_____personals.
我們共有_____個人。

¿A dónde va el tren?
這班火車到哪裡？

小角落大發現 博愛座？

在火車上若看到這個圖示，跟「讓座」可是一點關係都沒有喔！因為有些火車的椅子是相對的，這個圖示是表示「禁止將腳放在椅子上」！很特別吧！

馬德里‧巴塞隆納
交 通 篇
Transport for Madrid & Barcelona

在馬德里、巴塞隆納，
如何搭車？

馬德里、巴塞隆納是西班牙的交通樞紐，搞懂雙城交通方式就能順利前往較遠城市旅行。本篇詳細解剖票券、購票機、交通站看板等資訊，還有各交通工具搭乘步驟，讓你旅遊西班牙不迷路。

馬德里大眾運輸系統

地鐵、火車、巴士……多重選擇，到哪裡都方便！

馬德里市政交通網
網址：www.ctm-madrid.es

在馬德里旅遊，最方便及快速的方法即是搭乘地鐵，馬德里的地鐵網絡非常完整，而且只要搞清楚地鐵方向及銜接車站，也比較不用擔心會坐過站。但若覺得坐地鐵無法看到窗外景色，也可以考慮選擇公車或是旅客觀光巴士喔！若想去附近的城市旅遊，則可選擇近郊火車 (Cercanías)或是巴士(Autobus)。

在安排馬德里的行程時，若擔心不知道該如何去想去的景點，建議可以先上「馬德里市政交通網」查詢交通方式，有英文頁面，可查詢得到馬德里各項交通工具的時刻、班次及票價等資訊，包含地鐵、公車、近郊火車及到馬德里省內其他城市的巴士。另外，也有「旅客交通護照」的使用方式和價格等資訊，出發前不妨先上網瀏覽一下喔！

交通工具特色比較表

交通工具	方便	注意事項
地鐵	最為快速方便，比較不會搞錯站或坐過站。	要注意月台方向，且人多要慎防扒手。
公車	可觀賞路上景色，有些地鐵沒到的地方可以選擇搭乘公車。	公車上不一定會有每一站的站名告示牌，若不認識路要小心坐過站或坐錯方向。
旅客觀光巴士	停靠市區內每個觀光景點，也可觀賞路上景色，可以自由地在各景點上下車。	分為1日及2日票，安排行程時要注意一下時間的限制及各景點的開放時間。
計程車	可直接到想去的目的地。	在計程車招呼站以外的地方，有時不容易招的到計程車，且要注意出發點或目的地是否有加成計費。

實用的馬德里觀光手冊

馬德里地圖
拿取地點：旅客資訊中心Information

旅客交通護照介紹
拿取地點：旅客資訊中心 Information

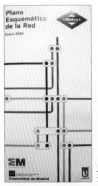

馬德里地鐵圖
拿取地點：各地鐵站

馬德里觀光巴士圖
上車購票後會附上一份

馬德里近郊火車地圖與時刻表
拿取地點：各近郊火車站

主要城市交通篇

搭乘地鐵

換依地鐵圖上的B1、B2來分別，數字越多表示距離越遠，票價會再增加，例如B2的票價會比B1高。不過一般在馬德里觀光並不會坐到陸上電車。

Metro(市區地鐵)

　　馬德里地鐵網絡共有12條線(Metro)，涵蓋大部分的馬德里市區，包含巴拉哈斯機場(Barajas)也在這個範圍內。地鐵1號線是馬德里最古老的路線，包含太陽門(Sol)、阿托查火車站(Atocha Renfe)以及查馬汀火車站(Chamartín)皆在1號線上，通常人也最多，要較為小心扒手。2號線可通往雷提諾公園(Parque Retiro)及凡塔斯鬥牛場(Plaza de Toros de Las Ventas)等，在馬德里市內觀光，搭乘地鐵是最方便又省時的選擇。

Metro Ligeros(陸上電車)

　　離馬德里市中心較遠，也須轉換票價，票價的轉

教你看懂地鐵站內資訊

地鐵營運時間：每日上午06:00至隔日凌晨01:30

當年度地鐵票價　地鐵各線時刻表

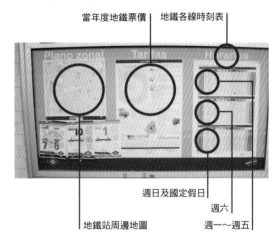

週日及國定假日

週六

地鐵站周邊地圖　　週一～週五

地鐵公車票價比較表 (以2015年2月為參考)

票種	範圍	價格(歐元)			備註
單次車票 (Billetes Sencillo)	單次搭乘地鐵公車的價格，不得跨區。	公車€1.50；地鐵€1.50 (5站以內，每增一站加€0.10)，€2.00(10站以上)			起迄站為機場時，可直接購買「機場單程票(€4.50/5.00，價差同前述)」
單次組合車票(Billete Combinado Metro)	單次搭乘地鐵的價格，可跨區搭乘。	€3.00			起迄站為機場時，可直接購買「機場單程組合票(€6)」
地鐵&公車10次票券(Metrobus)	可搭乘市區地鐵(MetroMadrid)及公車10次，不可跨區。	€12.20			起迄站為機場時，須另外購買「機場附加票(€1)」，見備註
馬德里旅客交通護照 (Abono Transporte Turístico)	分為1、2、3、5及7日券，在購買的天數內可無限次使用馬德里的各種交通工具，並以兩個區域來計算。 *A區(馬德里市區)：可使用於各地鐵、公車及此區內的近郊火車。 *T區(A區以外的區域)：除上述交通工具外，另含可以搭乘至馬德里省各城鎮的「長途巴士」(不可搭乘火車)。		A區	T區	可在市區內的地鐵購票亭、特定的菸草專賣店(Tabaco)或書報攤購買，須出示護照或其他相關證明身分的文件
		1日	€8.40	€17.00	
		2日	€14.20	€28.40	
		3日	€18.40	€35.40	
		5日	€26.80	€50.80	
		7日	€35.40	€70.80	
月票 (Abono Mensual)	分為A、B1、B2、B1—B2、B3、C1、C2、E1及E2等區域，每區價格皆不同，不可跨區。	依區域計算			可在購票機購買，須貼上照片

＊無論使用何種票券，當起迄站或迄站為機場時，都需增加€3.00的機場附加費用，單程票券可直接購買機場票，其餘票券皆須另行購買「機場附加票券」(Suplemento Aeropuerto)，購買方式請參見P.43。

＊以上資訊時有異動，出發前請再次確認。

1.轉乘站
2.轉乘站，需步行較長時間
3.須轉換班車
4.有時間限制的站
5.陸上電車
6.可轉乘近郊火車

7.大轉乘站
　(可轉乘地鐵、巴士、火車)
8.近郊巴士站
9.長程巴士站
10.夜間公車站
11.火車站
12.馬德里巴拉哈斯機場

13.地鐵費率區域
14.有電梯可搭乘
15.機場加價
16.大眾運輸卡辦公室
17.旅行資訊中心
18.免費停車場
19.付費停車場

20.地鐵周邊商品
21.太陽門廣場
22.夜間巴士站，
　　近Plaza de Cibeles
23.阿托查火車站
24.Barajas機場T4航廈
25.Barajas機場T1~T3航廈

RED DE METRO Y METRO LIGERO *Metro and Light Rail Network*

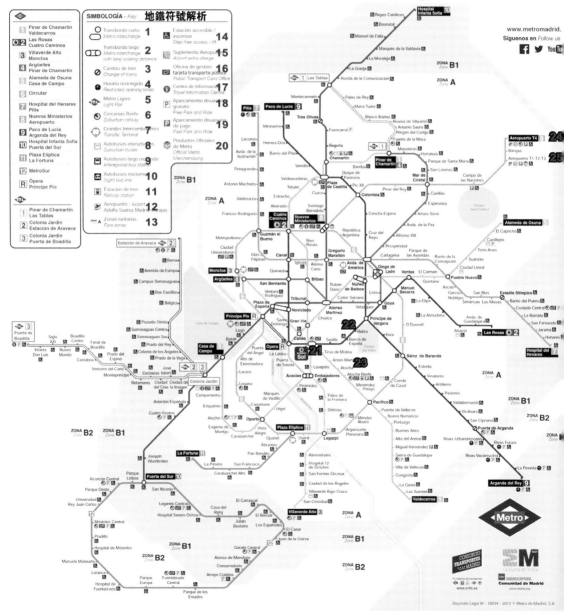

主要城市交通篇

教你如何搭乘地鐵

Step 1 尋找地鐵站

尋找有地鐵符號的標誌，表示此處即有地鐵站。

Step 2 確認要搭乘的地鐵線

先從地鐵圖上找出要搭乘的地鐵路線及方向。

Step 3 刷票過閘門

將票面朝上，依箭頭指示方向插入票口，經過閘門時記得將票取出。

Step 4 尋找月台

依照指標尋找地鐵月台，並先確認地鐵站的終站。

Step 5 上車

大部分的地鐵車廂門都不會自動開啟，所以上下車要記得拉把手或按鈕，門才會開喔！另外，也要小心月台間隙。

Step 6 搭上地鐵

地鐵車廂不一定相通，車廂內會有每一條地鐵線的路線圖，某些車廂會有電子看板顯示到站資訊，但非每個地鐵都有，最好自己注意一下要搭幾站。

Step 7 下車找出口

一樣記得要拉把手開門，下車後尋找出口或轉乘資訊，出口資訊（Salida）都是以綠底白字標示，可尋找離目的地最近的出口；轉乘時要注意，每條線的地鐵月台都不一樣，沿著轉乘的指標，找到下一條地鐵線的月台即可。

Steps ▶ 搭乘地鐵步驟

1. 找地鐵站　地鐵標誌
2. 確認地鐵路線
3. 刷票過閘門　取出票卡　插入票卡
4. 找對月台　月台方向 2 C. Caminos　停靠站名　轉乘資訊

5. 開門上車　扳手向上扳起開車門
6. 搭上地鐵　車廂內也有地鐵路線圖
7. 下車找出口　轉乘標示　出口標示

教你如何購買地鐵票

Step 1 選擇票券種類

Step 2 投入硬幣或紙鈔

Step 3 取票及找零

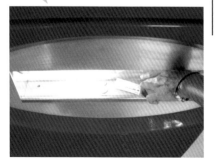

票機解析

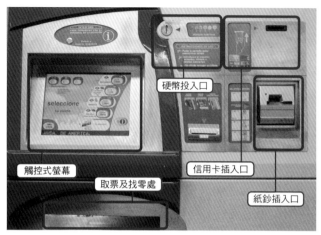

硬幣投入口

觸控式螢幕

取票及找零處

信用卡插入口

紙鈔插入口

地鐵票券解析

依箭頭方向插入打票機過閘門

MADRID ★★★★ TRANSPORTES 059079
L08 E0806 V01
◀ METROBUS y ▲ 1   T3
10 Viajes   M-0287
A17621
VÁLIDO EN MetroMadrid, E.M.T. y MetroLigero ◆ 1
Utilización según tarifas. Incluidos I.V.A. y S.O.V. 22/02/09
C.I.F. Q-7850003 J (Consérvese hasta la salida) 08:32

可搭乘10次

適用於馬德里地鐵(MetroMadrid)及公車(EMT)

MADRID ★★★★ TRANSPORTES
L08 E0806 V01
✈ METROBUS y ◆ 1   T3
10 viajes   M-5195
VÁLIDO EN MetroMadrid, E.M.T. y MetroLigero ◆ 1
Utilización según tarifas. Incluidos I.V.A. y S.O.V.
C.I.F. Q-7850003 J (Consérvese hasta la salida) 30/01/09

機場購買的Metrobus 10次券已包含機場附加金額，會有機場的圖案

MADRID ★★★★ TRANSPORTES 000670
L01 E15 V1
SERVICIO ESPECIAL
✈ Suplemento Aeropuerto   T3
1 Suplemento   M-3225
VÁLIDO EN LAS TERMINALES T2 Y T4
Utilización según tarifas. Incluidos I.V.A. y S.O.V. 20/02/09
C.I.F. Q-7850003 J (Consérvese hasta la salida) 06:42

單次機場附加票券，購買方式請參閱P.43

搭乘公車

　若想搭乘公車看看車窗外的美景，馬德里的公車網絡也很發達，但要注意一下，一般公車路線圖不會標示出所有站名，只會標示出鄰近較大的站，所以看路線圖時，不是上面畫兩三站就表示搭兩三站就到囉！而且公車內部也不一定都會有標示站名的看板，若不確定哪裡該下車的話最好問一下司機或是車上的乘客！

搭車小提醒

公車亭背面有路線圖

　若在公車亭等候，等候亭的背面通常都會貼有Information，會以地圖方式畫出各公車會行經的地方，先找出可以搭乘的公車路線，再至等候亭內，找到公車路線圖，並確認一下公車行走的方向。

公車等候亭背面的路線圖

教你如何搭乘公車

Step 1 ### 尋找公車路線資訊
確認要搭乘的公車及方向。

特別的夜間公車
公車路線前面有加「N」的就是夜間公車。搭乘方式一樣，但班次較少，最好注意一下時刻表。夜間公車每晚都從Plaza de Cibeles (眾神廣場)發車。

Step 2 ### 前門上車
由前門上車，刷車票卡或買票。

Step 3 ### 確認是否到站
確認站名。

Step 4 ### 到站下車
到站按鈴，由後門下車。

Steps ## 搭乘公車步驟

1. 確認路線資訊 → 2. 上車刷卡或買票 → 3. 確認站名 → 4. 按鈴下車

路線名 | 行車方向 | 目前所在站 | 可轉乘站 | 依票卡箭頭方向插入打票機 | 站名看這裡 | 下車按這裡

搭乘觀光巴士

馬德里觀光巴士路線分為兩條，其中一條路線帶領觀光客參觀各著名景點，如太陽門廣場、歌劇院，而另一條參觀的多為馬德里較現代的建築景點。票價依據天數計算，乘坐當日可不限次數上下車。可事先在網站上訂票，出發當日再憑訂票紀錄至任一停靠站上車即可，路線與地圖也可事先在網站上下載。

馬德里觀光巴士票價表

票種	1日票	2日票
全票 (16～64歲)	€21	€25
優惠票 (7～15歲 / 65歲以上)	€10	€13
家庭票 (2全票＋2優惠票)	€53	-

當地售票點：

1. C/ Felipe IV, s/n
   （普拉多美術館左側街上的售票亭）
2. Plaza España, 7
網站：www.madridcitytour.es

搭乘計程車

馬德里計程車一樣是以跳錶計算價錢，但是在某些特定的計程車招呼站搭車或是搭到某些地方，付帳時要以計價表上的價錢，自動再加上特定的價格（請參考下表）；價目表可能會隨著政府每年的規定而調整。如果不知道價格不用緊張，通常在計程車內也會貼出價目表給乘客參考。

叫車電話看這裡

Radio Taxi Asocialción Greminal：
　　　　　　　　　　　91 447 51 80
Radio Taxi Independiente：91 405 12 13
Euro Taxi：91 547 85 00
Tele-Taxi：91 371 21 31

馬德里計程車計費表

時間	起跳價格	每公里	每小時加價
週一～五07:00～21:00	€2.40	€1.05	€20.50
週一～五21:00～07:00 週六、日及國定假日全天	€2.90	€1.20	€20.50

＊參考2015年價格，以上資訊時有異動，出發前請再次確認。

馬德里計程車加成價目表

地點&加成時段	計算方式	加成價格
馬德里機場	終站為機場需加價。另由機場出發、叫車往返機場費率，請參照P.44	€5.50
長程巴士站	從長程巴士站出發，含入口附近	€3.00
火車站	從火車站出發，有特別標示計程車區域的範圍內都算	€3.00
Ferial Juan Carlos公園	起站或終站為Ferial Juan Carlos公園	€3.00
聖誕夜、除夕	到目的地的時間在22:00至隔日07:00之間，須加成付費	€6.70

＊參考2015年價格，以上資訊時有異動，出發前請再次確認。

搭乘火車

　　馬德里的火車站有兩個，南邊較靠近市中心的是阿托查(Atocha)火車站，大部分的火車都在此發車或以此站為終點，另外為靠北邊的Chamartín車站。買火車票時要注意看一下車票上的車站，才不會因跑錯車站而錯過火車。兩個車站皆與地鐵及近郊火車相接，非常方便。

　　另外，Atocha火車站販售AVE和地方火車的售票處，在靠近近郊火車出入口附近，和一般售票處是分開的。

搭乘長途巴士

　　從馬德里出發至其他較遠的城市旅遊，覺得機票或火車票價太高，可以選擇搭乘巴士。馬德里最大的巴士站在阿托查(Atocha)火車站往南一點的Méndez Alvaro站，與地鐵6號線及近郊火車相接。一般巴士票價會便宜許多，所需的旅途時間增加，當然舒適度也相對減少，譬如從馬德里到賽維亞(Sevilla)，所需的旅途時間為6個小時。

　　若要至馬德里省內的近郊城市，搭乘地點可能會分布在市內不同的地方，最好先至馬德里市政交通網查詢一下搭乘地點及時刻表喔！

Méndez Alvaro站 地址：C/ Méndez Alvaro, 83
網址：www.estacionautobusesmadrid.com

一般售票處

AVE、地方火車售票處

長程火車、AVE、地方火車售票處

Atocha火車站須搭乘電扶梯至2樓搭乘火車

搭乘近郊火車

　　為西班牙鐵路局Renfe所設置的，銜接馬德里市區及近郊的地區。所有的近郊火車(Cercanías)在阿托查火車站皆可搭乘的到，也有些站可以轉乘地鐵。票價依搭乘的路線跨越的區域，而有不同的價錢；不用擔心如何計算，購票時只要選擇目的地的站名，售票機就會直接顯示價格囉！

＊馬德里近郊火車網站：www.renfe.es/cercanias/madrid

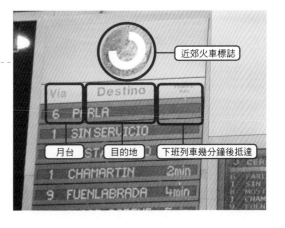
近郊火車標誌
月台　目的地　下班列車幾分鐘後抵達

巴塞隆納大眾運輸系統

觀光巴士最方便，地鐵、公車網絡設備完善

巴塞隆納有許多世界著名的景點，如建了一百多年尚未興建完成的聖家堂(La Sagrada Familia)、街頭藝人盛行的蘭布拉大道(Las Ramblas)，所以其觀光業當然特別發達，在巴塞隆納若只是短期幾天的觀光，設備完善的觀光巴士是最好的選擇！而在選擇大眾交通工具時，基本上搭乘方法和馬德里市大同小異，同樣有完善的地鐵和公車網絡，也有可愛的陸上電車，和可觀賞海岸景觀的纜車。

稍微須要注意一下的是，巴塞隆納一般使用的官方語言為加泰隆尼亞省的「加泰隆尼亞語」，所以許多指引標示牌的第一行都會以加泰隆尼亞語(Catalán)標示，當然通常下面也會有西班牙的卡斯提亞語(Castellano，一般我們所說的西班牙語)和英文，所以如果想要認字來尋找路線的話，仔細看一下，通常還是可以找的到英文喔！

上大眾運輸網，搞定交通大小事

好處1　交通資訊查詢

巴塞隆納交通網絡的縮寫為「TMB」(Transports Metropolitans de Barcelona)，基本上它的管轄範圍只包含地鐵和市內公車而已，但在它的網站上可以查詢到幾乎所有交通工具的資訊，當然也有英文頁面可供查詢，可以事先在網站上查好各項交通工具的路線圖、票價及時刻表。

好處2　幫你安排路線

也可以輸入你想去的景點，網站就會直接幫你安排好如何去的路線囉！建議在出發前不妨先上網瀏覽一番。

巴塞隆納大眾運輸網：www.tmb.net

＊小提醒：網站剛連結進去會是加泰隆尼亞語的頁面，只要在中間上方點選「English」，就可以轉換到英文頁面。

＊畫面擷取自巴塞隆納大眾運輸網站：www.tmb.net

只要1張票搭遍各式交通工具！　巴塞隆納的車票非常方便，只要購買一張，就可以使用區域內(如第一區)所有的交通工具，包含地鐵、公車、陸上電車、加泰隆尼亞鐵路及近郊火車的市區範圍。所以在選擇車票的時候，只要估計好會搭乘的次數和天數，再來選擇車票就可以囉！

巴塞隆納的交通圈數怎麼看

以下方圖片上來看，圖片底色不同表示區域不同，每一區以數字來區分。基本上，巴塞隆納市中心及大部分的觀光景點都在第一區內（中間下方灰白色區域），地鐵的營運範圍也只有在1區，所以一般不需要擔心跨區的問題。若有想要到其他區域，就要選擇加泰隆尼亞鐵路（FGC）或是國家鐵路局（Renfe）所營運的近郊火車（Cercanías）。

* 以下畫面擷取自巴塞隆納大眾運輸網站：www.tmb.net

巴塞隆納交通工具票價比較表 (以一區為例，參考2015年2月價格)

票種	價格(歐元)	使用說明
Bitllet Senzill (單程地鐵票)	€ 2.15	單次地鐵搭乘券(地鐵站購買的只適用於地鐵，若要購買其他交通工具的單程券則須於其他交通工具售票處購買)。
T-10(10次券)	€ 9.95	可多人使用，共計可搭乘10次，可在1小時15分鐘內轉車。
T-50／30 (30天內搭乘50次)	€ 42.50	限單人使用，可於30天內搭乘50次，可在1小時15分鐘內轉車。
T-Mes(月票)	€ 52.75	以第一次搭乘日開始計算30天，可不限次數搭乘各項交通工具，但須出示個人身分證明才可購買。
T-Dia(一日票)	€ 7.60	限單人使用，可於使用當日不限次數搭乘各項交通工具。
T-70／30	€ 59.50	適用於家庭或團體，可於30日內使用70次，多人同時使用，可在1小時15分鐘內轉車。

搭車小提醒

1. 以上車票皆可在地鐵站售票亭或自動售票機購買。
2. 有轉車時間限制的，表示可在此限制的時間內轉換交通工具，譬如從地鐵轉換公車，須再插入票卡，但是會合併計算為一次旅程。
3. 每增加一區，轉車時間可增加15分鐘，例如：跨越兩區的T-10券，可在1小時30分鐘內轉換交通工具。
4. 若要購買跨區車票，直接在購票機上選取增加區域即可，詳見P.87「購買車票步驟」。

Hola BCN！巴塞隆納短期交通卡

　　為了便利巴塞隆納觀光客所設計的交通卡片，可在天數內不限次數搭乘市內所有交通工具，包含地鐵、電車、公車、加泰隆尼亞鐵路（市區內）以及近郊火車（市區內），票價依天數計算，可在地鐵站或路邊的小雜貨鋪買到，非常方便。

圖片截取自www.tmb.net網站

Hola BCN！票價表
(參考2015年價格)

天數	票價
2日	€14.00
3日	€20.50
4日	€26.50
5日	€32.00

Hola BCN！交通卡&觀光巴士優缺點比較表

	優點	缺點
Hola BCN！交通卡	可以不限次數搭乘所有交通工具。	需要自己安排路線及規畫行程，且沒有導覽。若搭地鐵就看不到街上景色，除非搭乘公車。
觀光巴士	旅遊景點已規畫好，可以順著路線來遊玩，不須費心思考該如何抵達想去的觀光景點。巴士上還有導覽介紹，並享有各觀光點折扣。	路線僅包含觀光巴士停靠點，若要去其他地方須另行購買車票。

搭乘地鐵

　　嚴格來說，巴塞隆納的地鐵只有6條線，L1～L5及L11，其餘在地鐵圖上所見到的，尚包含了陸上電車（Trem）及加泰隆尼亞鐵路（FGC）市區的路線。基本上，購買的地鐵票是每項交通工具皆可搭乘的，只是從一種交通工具要轉乘另外一種交通工具時，必須先出站，找到另外一個交通工具的入口再行進站；不過，依照巴塞隆納車票的轉乘時間規定，只要在一定的時間內轉乘，就可以被算成是同一次的旅程，不會再被扣款，相當人性化呢！

地鐵營運時間

週一～週四、週日及假日：05:00～00:00
週五、週六及假日前一晚：05:00～02:00

搭乘地鐵小提醒

注意：有些車站是要刷票後從閘門的右方進入。因為跟一般的習慣不一樣，要小心不要走錯！

主要城市交通篇

如何搭乘地鐵

Step 1 尋找地鐵站

只要看到菱形符號中間有一個大大的「M」字，就表示此處有地鐵站！

Step 2 確認地鐵線

入口處及告示板上一定有標出此站可搭乘的地鐵路線，先確認好要去的目的地及轉車點，規畫好路線之後，進地鐵站才不會手忙腳亂喔！

Step 3 刷票過閘門

票面朝上，依箭頭方向插入票口，經過閘門時記得將票取出。注意：有些車站是要刷票後從閘門的右方進入。因為跟一般的習慣不一樣，要小心不要走錯！

Step 4 沿指標找月台

先確認要去的方向的終點站，再依指標找月台，不確定的話，指標旁會標有會經過的站名，只要檢查要去的車站是否列在上面，月台上也會有標示。

Step 5 搭上地鐵

地鐵車廂門不一定會自動開啟，上下車要記得拉把手或按鈕，門才會開喔！

Step 6 確認站名

車廂內有站名標示，已經過站的會亮燈，下一個亮燈的站名即是下一站。

Step 7 找正確出口

地鐵站出口常會用許多圖示來標明，非常好辨認。

Step 8 出地鐵站

出站無須再刷票卡，若須轉乘，依相同方式找到下一條地鐵線的月台即可。

Steps 搭乘地鐵步驟

1. 找地鐵站 → 2. 確認地鐵線 → 3. 刷票過閘門 → 4. 找月台 →

地鐵標誌　　此站可搭乘的地鐵線　　依箭頭指示進站　　確認月台方向

→ 5. 搭上地鐵 → 6. 確認站名 → 7. 找出口 → 8. 出地鐵站

拉把手開門　　車廂內的路線圖　　出口標誌　　依圖示找出口

搭乘公車

如何搭乘公車

Step 1　尋找公車站牌

　　若有公車亭的候車站，背面通常會有巴塞隆納所有公車的路線地圖，可以找到要去的目的地可以搭乘的公車資訊。沒有候車亭的地方，公車路線則會貼在站牌的柱子上。

Step 2　由前門上車，刷票卡

　　把車票卡正面向自己，依箭頭方向插下去即可。

Step 3　下車按鈴，由後門下車

　　到站時按下車鈴，再由後門下車即可。

Steps　搭乘公車步驟

1. 尋找公車站牌 ➡	2. 由前門上車，刷票卡 ➡	3. 下車按鈴，由後門下車
公車路線	票卡插入孔	下車前按鈴

搭乘計程車

　　巴塞隆納的計程車車身是黑色和黃色，和其他地區不大相同，非常有特色呢！而計程車公司也有很多家，在巴塞隆納叫計程車，除了到計程車等候站叫車之外，甚至還有些公司可以直接在網站上預訂叫車地點和時間。

叫車看這裡

Radio Taxi 033
叫車電話：933 033 033　　網站：www.radiotaxi033.com
Cooperativa de Radio Taxi Metropolitana de Barcelona
叫車電話：932 250 000　　網站：www.radiotaxibcn.org

另類選擇：豪華觀光服務

　　計程車公司還有一種「豪華觀光服務」，可以參考網站上規畫的行程，包車帶你遊巴塞隆納的觀光景點，譬如「高第路線」，就會帶你參觀聖家堂、奎爾公園等地方，非常舒適且可以自由調配行程，不過價格當然也會比較高喔！若要詢問價格或預約，必須要直接透過E-mail或打電話與對方聯繫，告知對方人數以及要參加的行程，再請對方報價。

＊畫面擷取自網站

豪華觀光服務
網站：www.barcelonataxivan.com
電話：(+34) 670 531 619

搭乘觀光巴士

巴塞隆納的旅客觀光巴士或許可算是全西班牙做的最完善的一個城市，共分為紅、藍、綠3條路線，紅線及藍線皆從加泰隆尼亞廣場發車，紅線／北線（North Route）繞經較北邊如米拉之家、聖家堂、奎爾公園等名勝；藍線／南線（South Route）則主要走南邊如西班牙廣場、奧林匹克公園及港口等部分。紅線和藍線繞完一圈大概各需要2小時。綠線（Route Forum）只在觀光旺季營運，約為每年4月～9月底，和藍線相連接，主要繞經東南靠海邊的景點，如奧林匹克港等。

觀光巴士辨認方法

找icon：找到觀光巴士的「眼睛」符號。

看顏色：只要站牌上面的顏色是紅色，就表示是紅線，若是藍色就表示是藍線囉！

看跑馬燈：也可以看巴士前面的跑馬燈，都會標示出它的路線！

路線不同，站牌就不同

觀光巴士有好幾個站牌相接，在轉車的時候，要記得去找到另一條路線的站牌。千萬不要傻傻的在下車的地方等另一條路線，因為不管怎麼等都會是同一條線！但有時站牌相隔較遠，找不到站牌時怎麼辦？別擔心，只要觀察路上另一條路線的車子往哪個方向走，順著走過去一定會看到站牌！

租車

有幾家公司提供有駕駛的租車服務，可直接上網預定等車的時間與地點，也可以承租小型巴士。

租車看這裡

網站：www.taxivanbcn.com（可在網站上預訂）

電話：(+34) 628 704 051

觀光巴士搭乘看這裡

票券種類（參考2015年價格）
1日券票價：€27(全票) ／ €16(4～12歲孩童)
2日券票價：€38(全票) ／ €20(4～12歲孩童)

哪裡購買
巴士券可在加泰隆尼亞廣場的售票亭購買，也可以直接上車跟車上的服務人員購買。購票時會另外附贈一本導覽書及折價券，幾乎所有的觀光景點都可以折價一點點喔！

使用方式
可不限次數在各個停靠點上下車或換路線，上車時由前門上車，下車一律經由後門。

特　色
搭乘觀光巴士除了可以很方便地參觀巴塞隆納所有觀光景點之外，車上也會有簡單的導覽，基本上每個景點都會以西文和英文各導覽一次，有時候遇上可愛的導覽人員，會讓旅途增添一點樂趣喔！

觀光巴士售票亭

購票附贈品

折價券內頁

折價券背面有相關資訊

搭乘加泰隆尼亞鐵路

為加泰隆尼亞地區自治的鐵路網（FGC），從市區向外延伸到大巴塞隆納地區；分為兩大主要路段，分別自加泰隆尼亞廣場（pl. Catalunya）及西班牙廣場（pl. Espanya）發車；基本上，市區路段大致都是一樣的，越向外延伸出去的停靠點才會分散開來。若有需要搭乘，可以在「市政交通網網站」上查詢時刻表及路線圖，也可上FGC的官方網站尋找，都有英文網頁可供參考。

「FGC」的符號

＊FGC網站：www.fgc.net

搭乘火車

巴塞隆納主要火車站有兩個，分別為聖哲火車站（Estació de Sants）及法國火車站（Estacío de França），在搭車時一樣要注意是哪一個車站喔！請注意！並不是所有在法國火車站出發的火車都通往法國喔！

搭乘近郊火車

共計6條線，以聖哲火車站為交會點。路線雖不繁複，但要注意在某些交會點搭車時，月台可能只有一個，這時就要仔細觀看來車的資訊，才不會搭錯車。其中10號線（Aeropuerto-Estacío de França）為連結機場與市區的近郊火車。

搭近郊火車小提醒

多線共用月台，小心搭錯車！
在加泰隆尼亞廣場的近郊火車月台有4線火車會由此經過，其中1、3、7號線的終站是一樣的。

留意看板資訊！
在候車時注意看板上的列車資訊，確認終站為自己要搭乘的列車終站，表示下一班車可以搭至目的地。

← **1** Aeroport /L'Hospitalet

← **3** L'Hospitalet

← **4** V̶ ̶r̶a̶n̶ ̶ St. Vicenç

← **7** L'Hospitalet

主要城市交通篇

從自動購票機買車票

Step 1 選擇票券種類

Step 2 選擇區域及張數

Step 3 投錢

　　購買金額在€25以下，不得插入€50鈔票。購買金額在€5以下，則不得插入€20及€50鈔票。

Step 4 取票及找零

螢幕操作鍵盤	信用卡插入口	注意事項(見Step. 3)
硬幣投入口	紙鈔插入口	

取票及找零口　　信用卡資料輸入鍵盤

Steps 購買車票步驟

1. 選擇票種 → 2. 選擇區域及張數 → 3. 投錢 → 4. 取票及找零

選擇語言

選擇區域

選擇張數

搭乘長途巴士

巴塞隆納主要的巴士車站為北站（Estació del Nord），大部分的長途巴士皆由此發車，包含國際線的長途巴士也是以此為終點；另外，也有不少巴士會在聖哲火車站（Estació de Sants）發車或其他車站發車。最好事先購票，並要注意一下發車地點，因為長途巴士的發車時間通常都「非常準時」，記得要提早到，不然車子是不會等你的。

教你如何從網站查詢巴士班次時刻表

長途巴士網站：www.barcelonanord.com

步驟1

步驟2

出發時間 | 抵達時間 | 起站 | 迄站 | 車程時間 | 票價 | 位置數 | 巴士公司

應用西班牙語ABC

應用單字

	西班牙語	加泰隆尼亞語
出口 / 入口	Salida / Entrada	Sortida / Entrada
發車	Salida	Sortida
到站	Llegada	Arribada
停靠站	Parada	Parada
地圖	Plano	Plànol
時刻表	Horario	Horari
去程 / 回程	Ida / Regreso	Anada / Tornada
車票	Billete	Bitllet
售票亭	Taquilla	Taquille

實用會話

i Me da un plano de metro, por favor! / 請給我一份地鐵圖。

Quiero comprar un billete de ida / ida y vuelta a……, i Gracias! / 我想買一張去……的單程 / 來回車票，謝謝！

Quiero comprar un billete de un día / dos días. / 我想買一張1日券／2日券。

¿Dónde está la estación de tren / estación de autobús / la parada de bus turístico? / 火車站 / 巴士站 / 觀光巴士站在哪裡？

¿Dónde está la parada de autobus número 17? / 請問17號公車站牌在哪裡？

¿Qué es la próxima parada? / 下一站是什麼？

Quiero bajarme en la próxima parada. / 我想要在下一站下車。

Perdone. ¿cómo se va a……? / 不好意思，往……要如何去？

¿Me puedas llamar cuando llegamos a la parada de............?¡Gracias! / 到……站時請我說好嗎，謝謝！

¿A qué hora sale el próximo tren? / 下一班火車幾點出發？

Perdone, ¿Dónde está la vía de……? / 不好意思，請問……的月台在哪裡？

Quiero ir a ……, ¿Cómo puedo ir? / 我要去……，請問該如何去呢？

Quiero ir a ……, ¿Cúantas paradas hay todavía? / 我要去……，請問還有幾站？

¿Dónde puedo comprar el billete? / 我要在哪裡買票？

飲食篇

Dining

在西班牙吃吃喝喝

到西班牙要入境隨俗，首先遇到的便是飲食問題，本篇就要告訴你西班牙一天的飲食生活是如何進行，還要推薦你必吃的經典美食，及便宜食物上哪找。

西班牙人一天的飲食清單

早餐 (12:00以前)

一般小餐廳在12:00前都會提供早餐(Desayuno)，西班牙人的早餐吃得很簡單，通常是一杯咖啡配上麵包(Tostada)，麵包通常對切，一般都會直接淋上橄欖油，夾醃製過後切成薄片的火腿(Jamón)，也可以塗豬肝醬(Paté)或是夾番茄片(Tomate)，有些人只單吃麵包配橄欖油及鹽(Sal)。若怕口味不習慣，也可以塗奶油(Mantequilla)和果醬(Mermelada)，口味隨自己變化。

另外有一種非常有特色的食物──Churros，類似台灣看電影時會吃的「吉拿棒」，也有點像早餐店的油條，一般西班牙人會沾巧克力醬或糖粉來食用，味道很甜。建議來西班牙一定要試試喔！

攝影／王香文

晚餐 (21:00～00:00)

晚餐(Cena)大約在21:00左右，所以很多餐廳到了晚上8點多才會開門準備營業，所以太早到餐廳的話，可能連廚師都還在休息，沒有供餐。西班牙人的晚餐不一定會吃的太豐盛，很多人會選擇跟朋友一起到Bar喝酒，再點一兩盤Tapas小菜，這樣晚餐就算解決了。

攝影／王香文

午餐 (14:00～16:00)

午餐(Comida)是西班牙人最重視的一餐，西班牙的午餐時間較晚，通常在14:00左右才開始，所以在這段時間進入餐廳，通常都是人滿為患，可以稍微提早在13:30左右進入，避開尖峰時間。也有不少西班牙人會在中午時間回家吃飯，稍微休息之後，再回到工作崗位。

用餐小提醒

儘管西班牙人吃的晚，但在觀光區的餐廳為了配合遊客，也可能在中午12點和晚上7、8點左右就開始供餐，所以不用太擔心無法適應西班牙的吃飯時間。

飲食篇

Tapas

午餐和晚餐的時間相隔太久，若是肚子餓了怎麼辦？西班牙人在正餐時間之外，常常會跑到Bar去喝杯酒，跟朋友聊聊天，而「Tapas」可以算是為了喝酒所準備的下酒菜，有冷食也有熱食，分量不太多。

「Tapa」在西班牙文是「蓋子」的意思，以前的Bar大多設在路邊，因為西班牙的酒味道甜美，總會招來一些小蟲子，喝酒聊天的西班牙人為了避免風沙和蟲子跑進酒裡，所以會拿個蓋子或小盤子蓋在酒杯上，盤子上可能會裝有一些生火腿片、橄欖或腸子切片等等。

現在我們看到的Tapas，其實就是將食物分裝成小盤的樣子，通常在Bar裡面較常見，但也有些餐廳的菜單上可見同一道菜有三種價格，分別為Tapas、1/2 Ración（半份）、Ración（一份），就是以食物的量來分別，想要多吃幾種菜，不妨嘗試點點Tapas喔！

Salir de Tapas

一攤又一攤，感情不會散！

這是一種西班牙特有的文化，通常會在Bar才出現，一群好友相約一起至Bar喝酒吃Tapas，通常會在此點一杯酒(紅酒、白酒或啤酒)，配上幾盤Tapas，然後再換下一家，同樣點酒和Tapas小菜，就這樣一個晚上跑好幾家Bar。若有機會跟西班牙的朋友一起去，會發現到最後其實喝的酒遠多過於吃到的東西，可不要奇怪，因為西班牙人就是這樣聯繫朋友感情的喔！

Salir de Tapas，喝酒比吃Tapas重要！

一人叫上兩盤Tapas，就足以吃的很飽。

安達魯西亞的Bar都很有特色。

便宜又大盤的Tapas，配上麵包和西班牙水果酒(Sangría)。

有些Tapas餐廳會將食物擺出來，用比的就可以點菜。

在Bar點餐，通常都會先送上飲料，有時還會附上一小盤橄欖。

西班牙餐廳用餐程序

在西班牙吃一頓正式的飯，會包括：開胃菜、第一道菜、第二道菜、甜點、飲料。用餐程序如下：

Step 1 先點飲料La Bebida

服務生來遞菜單時，會直接詢問要喝什麼飲料。一般人都會喝啤酒或紅、白酒，若不喝酒類也可以點水、可樂等等。通常飲料不會列在菜單上。若想要點其他葡萄酒，可隨後等點餐的時候再一起點。

Step 2 開胃菜Aperitivo

開胃菜通常為火腿或乳酪等，可以點一盤大家一起分著吃。

Step 3 第一道菜Primer Plato

為比較簡單的料理，可以點沙拉、湯等等，若擔心吃不下，不點也沒關係。

Step 4 第二道菜Segundo Plato

主菜，通常為肉類或魚類的主食，也可以點選海鮮飯或燴飯來當作主食（因海鮮飯和燴飯有時會被擺在「第一道菜」），基本上一人點一盤。

Step 5 飯後甜點及咖啡

主菜用完後，服務生會過來收拾餐盤，並會遞上甜點及餐後飲料的菜單，通常可以點蛋糕、冰淇淋等；飲料除了咖啡之外，通常也會有一些茶可供選擇。若吃不下，不點也沒有關係。

可以參考餐廳門口的Menu

Step 6 結帳

要結帳時，可以舉手請服務生過來，告知請其結帳（La Cuenta，Por Favor），或是服務生看到時，直接舉手在空中做出書寫的動作，服務生就知道要結帳了，會直接送帳單過來。

Step 7 付款並給小費

用現金付款的話，通常小費為找錢後的零頭，只要直接留在桌上即可。若是使用信用卡付款，可以直接在帳單上寫上加了小費後的金額，再簽名，或是留現金來當小費。若是帳單上有標明「Servicio Incluido」，表示小費已包含在內，不須另外再支付。有些較好的餐廳在結帳完後，會送上幾杯酒來招待，不過通常酒精濃度很高，怕喝醉的人千萬不要勉強。

便宜食物哪裡找

小酒館

「Bar」主要是提供早餐、酒類和Tapas的地方，可以稱其為「小酒館」（Cerveceria）。因為西班牙人休息時間或下班後，總會喜歡到Bar喝杯啤酒，聊聊天，週四到假日的夜晚更是常常擠得水洩不通。而「Cerveceria」照字面翻譯其實是「啤酒屋」的意思，當然主要就是提供酒類的，但也會提供和Bar差不多的Tapas或餐點。每家Bar都會賣一些自己店內的Tapas，通常不一定會有菜單，但是會有櫥窗可以看，這時只要用手比一下想要吃的東西就可以了，或是請服務生推薦一下囉！另外，服務生通常都只會先問你要喝什麼，所以先點好飲料之後，等服務生送上飲料再來點東西吃也不遲。

要注意一下，坐在吧台和桌子的價格通常不一樣，桌子可能會比較貴一點，若看到菜單上有分Bar（吧台）和Mesa（桌子）兩種價格，就要考慮一下要坐哪裡囉！另外，可能有第三種Terraza（戶外餐桌）的價格，有可能會更高一點。

小角落大發現　滿地垃圾的小酒館

晚上的小酒館常擠得水洩不通，站著喝酒的客人也就索性直接將餐巾紙丟在地上，到現在習慣成了自然，也形成了西班牙特有的酒館文化之一。但若是坐在餐桌旁或是在餐廳吃飯，可千萬不要「入境隨俗」喔！

連鎖商店

連鎖商店除了我們知道的麥當勞、Burger King之外，通常可以找到一些賣土耳其袋餅（Döner Kebap）或是賣小三明治（100 Montaditos，De Montadiltos）等等店面，這些店家通常點餐方便，價格不會太高，又可以吃得很飽，是很好的選擇。

超市

在超市（Supermercado）購買食物為最便宜省錢的方式，西班牙的超市有許多種，一般可以見到的像Día、Lidl、Plus、Más、Supersol……等，都可以在住家或是旅館附近找到。價格較便宜的超市如Día、Lidl和Plus，需要自備購物袋，若要購買袋子約要付€0.1～0.3不等。部分超市會在14:00～17:30左右休息，17:30以後才又開門繼續營業。

另外，「英國宮（El Corte Inglés）」的超市東西最為齊全，可以在此找到一些外國進口的東西，也有已經做好的海鮮飯、煮蝦、西班牙蛋捲等等可以現場購買。開放時間比照英國宮，中午不休息。假日大部分的超市是沒有開的，「OpenCor」為英國集團下的超市，是唯一固定有在週日開放的超市，平常也營業至半夜兩、三點，但價格偏高。近年來有些英國宮也會在週日營業（每家分店不同），基本上在大城市比較容易遇到週日營業的店家。

買水果小提醒

傳統商家不能自己挑選喔！

想要買水果的話，可以在傳統市場或是一般專賣水果的店家買到。傳統市場通常較為便宜，但要注意有些商家不能讓你用手挑選水果，這種店家一般是直接跟老闆說要哪種水果，要幾個，老闆會直接選給你。但是就要碰運氣看看老闆的良心囉！

雜貨商店

走在街上常常會不經意地見到一些雜貨超商（Alimentacion），有些店的招牌甚至印有中文字，可以進去逛一下，這些商店通常是一些南美洲移民或中國移民所開，會賣一些簡單的麵包、食物、牛奶等等，但是要注意，價格不一定比超市便宜！若是中國人經營的店面，還有可能買的到泡麵喔！

「Alimentacion」為販售日常用品及簡單食物的雜貨店

便宜指數比較表（★愈多表示愈便宜）

餐廳種類	便宜程度	特色	參考價格
一般餐廳	★	從酒類、前菜、第一、第二道菜至甜點樣樣齊全，想要犒賞自己旅途的辛勞，可以選擇至餐廳好好享用一番。	從前菜至甜點每樣菜都點，單人價格大約在€25～50不等，依照餐廳等級而不同，價格也會隨之調整。
小酒館	★★★★	熱情的吧台人員，吵雜的小酒館，與西班牙人的生活密不可分，是最能讓自己融入西班牙文化的地方。	飲料(紅酒、啤酒、汽水)：€1.5～2.5 Tapas：€1.8～3 Bocadillo(大三明治)：€2.5～4
連鎖商店	★★★★	多為套餐方式，通常都有圖片介紹，點餐方便。	麥當勞、Burger King：套餐大約€8～10 土耳其袋餅店：套餐約€5左右
超市、雜貨商店	★★★★★	各種食材皆有，可以購買麵包、起司、火腿片、乾糧等。自己製作三明治隨身攜帶，是比較節省的方式。	牛奶：€0.5～1.5 吐司：€0.8～2 火腿片：€1～2.5

＊以上價格皆為參考，依不同城市、物價會有不同的價格。

製表：李容菜

站在吧台吃也是一種特色。(攝影／王香文)

巴塞隆納的市場水果攤販售切好的水果，一盒一盒看起來鮮美可口。

小型三明治(Montadito)，即使多吃幾個也不會太貴。

經濟實惠的土耳其袋餅(Döner Kebap)，不貴，但是可以吃得很飽。

Bocadillos大小類似潛艇堡三明治，一個就可以吃得很飽，也方便外帶。

「英國宮」超市販賣各種已經料理好的食物。(攝影／邱宗翊)

不可不嘗的西班牙食物

西班牙蔬菜冷湯
Salmorejo

西班牙夏天酷熱，所以一般人喜歡喝這種蔬菜冷湯來消暑，以番茄為主要的內容物，加入不同蔬菜和橄欖油打成汁以後，冰起來食用，味道有點像我們的健康蔬果汁。

西班牙馬鈴薯蛋捲
Tortilla de Patatas

最典型的西班牙蛋捲是以煮過的馬鈴薯加上蛋汁，再用平底鍋煎的，除了基本的口味之外，有時也會加上青椒、紅椒、洋蔥或洋菇等。

(照片提供 / Angel Robledo 西班牙對外貿易處ICEX)

西班牙海鮮飯 Paella

瓦倫西亞「海鮮飯」名勝全國，用新鮮的海鮮、肉類，搭上蔬菜，再配上蕃紅花當香料，以大型平底鍋煮，煮愈久愈好吃喔！而蕃紅花是讓飯粒呈現金黃色的重要元素。

(照片提供 / 西班牙國家旅遊局TURESPAÑA)

橄欖 Aceituna

西班牙是世界上數一數二的橄欖生產國，除了在Bar可以吃到之外，超市也可以買到橄欖罐頭。

吉拿棒 Churros

西班牙早餐特色，類似在台灣電影院看電影時吃的「吉拿棒」，油炸過後，沾上熱巧克力醬來吃。

乳酪 Queso

以牛乳、羊乳、山羊乳等各種乳類製成，口味非常豐富多種。(攝影 / 邱宗翎)

生火腿 Jamón

極具代表性的西班牙食物，可以夾在麵包中當早餐，或是叫一小盤來配酒。

冰淇淋

冰淇淋是夏季不可或缺的美食。

糖果店

琳瑯滿目的糖果店，讓人忍不住想進去買一大包糖果。

掛滿火腿的「火腿博物館」(Museo de Jamón)。

熱騰騰的甜點是寒冬時最好的選擇。

逛街逛累了，來個下午茶吧！

應用西班牙語ABC

應用單字

Desayuno / 早餐
Churros / 吉拿棒
Chocolate / 巧克力
Tostada / 麵包
Paté / 肉醬
Jamón / 生火腿
Mermelada / 果醬
Mantequilla / 奶油
Aceite / 橄欖油
Sal / 鹽
Chorizo / 香腸
Café / 咖啡
Café solo / 純咖啡，不加牛奶
Café cortado / 咖啡3/4、牛奶1/4
Café con leche / 咖啡牛奶各1/2
Café Manchada / 咖啡1/4、牛奶3/4
Entremeses / 前菜
Ensalada / 沙拉
Ensalada mixta / 綜合沙拉
Aceituna / 橄欖
Tomate / 番茄
Sopa / 湯
Gaspacho / 西班牙蔬菜冷湯(杯)
Salmorejo / 西班牙蔬菜冷湯(碗)
Patata / 馬鈴薯
Arroz / 飯
Paella / 海鮮飯
Arroz negro / 墨魚飯
Mariscos / 海鮮
Anchoa / 鯷魚

Atún / 鮪魚
Merluza / 軟鱈魚
Gamba / 蝦
Carnes / 肉
Ternera / 牛肉
Cerdo / 豬肉
Cordero / 羊肉
Pollo / 雞肉
Pato / 鴨肉
Conejo / 兔肉
Solomillo / 豬排
Costilla / 肋排
Verduras / 蔬菜
Ajo / 蒜
Cebolla / 洋蔥
Champiñón / 洋菇
Lechuga / 生菜
Garbanzo / 扁豆
Espinaca / 菠菜
Frutas / 水果
Fresa / 草莓
Melocotón / 蜜桃
Manzana / 蘋果
Naranja / 橘子
Higos / 無花果
Piña / 鳳梨
Plátano / 小香蕉
Uva / 葡萄
Limón / 檸檬
Bebidas / 飲品

Cava / 西班牙香檳
Vino blanco / 白酒
Vino Tinto / 紅酒
Cerveza / 啤酒

Zumo / 果汁
Agua con gas / 氣泡水
Agua sin gas / 不含氣泡的水

實用會話

Quiero este.
我想要點這個。

Un plato como ése.
請給我跟他們一樣的菜。

¿Hay menú de día?
請問有今日套餐嗎？

Quiero reservar una mesa, tenemos cuatro personas.
我想預約一張桌子，我們有4個人。

¿Puede recommendar?
你可以推薦嗎？

Una cerveza, por favor.
請給我一杯啤酒。

¿Me da un tenedor / cuchillo / cucharra / plato más?
可以多給我一支叉子 / 刀子 / 湯匙 / 盤子嗎？

Para llevar, ¡ gracias!
我要外帶，謝謝。

¿Dónde está el supermercado más cerca ?
請問最近的超市在哪裡？

La cuenta, por favor! / Me cobras, por favor!
請給我帳單。/ 請幫我結帳(在Bar可用此句)

Me da un vaso de agua, por favor!
請給我一杯水。

玩 樂 篇
S i g h t s e e i n g

到西班牙，哪裡最好玩？

到西班牙旅遊不可不知景點資訊，及富特色的鬥牛與佛拉明哥藝術文化，閱讀本篇照著玩，你將擁有一趟最精彩的西班牙之旅。

善用旅遊資訊中心

不管到哪個城市，最好都先到當地的旅遊資訊中心，一方面是拿一份最新的地圖，另一方面看看是否有當地的最新旅遊資訊。旅遊資訊中心除了可幫忙代訂住宿、代購旅遊票券之外，通常都會有一些建議的觀光行程和方式，也會有當時舉辦的活動、熱門的表演等。善用旅遊資訊中心可以讓自己的行程更加完美喔！

觀光景點很容易找到旅遊資訊中心　巴塞隆納坐落在蘭布拉大道上的旅遊資訊中心

西班牙不可不看

鬥牛 Toro

鬥牛（Toro）在西班牙是已經流傳上千年的文化，對西班牙人來說，不但是一種傳統，更是一種藝術，不過因為太過殘忍，近幾年來許多反對鬥牛的聲浪也漸漸浮現。

上方特別的包廂是給皇室成員坐的

過程要點

在鬥牛場上，鬥牛士穿著鮮豔華麗的鬥牛服裝，以紅布挑動著憤怒的公牛，很多人以為牛見到紅色而憤怒，但是牛是色盲，所以憤怒的原因，主要是鬥牛士助手先用短槍插入牛的背脊，公牛因疼痛而憤怒。這時才出現主要的鬥牛士，穿著金光閃閃的鬥牛服裝，拿著紅色的布，挑動著憤怒的公牛，最後，鬥牛士必須將短劍刺入公牛的心臟，整個表演必須完美而漂亮，才能引起觀眾的共鳴。

鬥牛士的動作必須漂亮且完美(攝影／王香文)

鬥牛品種

西班牙的鬥牛是純正血統的北非公牛，而且是經過特別繁育的，除了要吃的好，還要訓練體力。不過現今因為馴養場減少，牛也不如以往凶猛，但是鬥牛對鬥牛士的生命威脅，是一直存在的。

鬥牛哪裡看？

鬥牛季節在每年3月19日～10月12日之間，通常會在週末舉行，可至表演現場購買門票。但平時若沒有鬥牛表演，也可以參加導覽，參觀鬥牛場，會詳細解說鬥牛的步驟。

馬德里
Plaza de Toros de Las Ventas
地址：C/ Alcalá, 237　　　電話：913 562 200
地鐵：L2，Ventas站　　　網站：www.las-ventas.com

賽維亞
Plaza de Toros de la Maestranza
地址：Paseo de Cristóbal Colón, 12
電話：954 224 577
網站：www.plazadetorosdelamaestranza.com

佛拉明哥

來西班牙不可不看佛拉明哥（Flamenco）藝術，起源於西班牙南部安達魯西亞，是一門由歌唱、舞蹈和吉他三大元素結合而成的藝術，歌者深沈的嗓音、吉他手明快的節奏或一段優美的旋律，再加上舞者肢體的舞動及急促的踱地聲，便是我們今日看到的佛拉明哥。

攝影／王香文

佛拉明哥原是吉普賽人即興唱歌跳舞的生活方式，用以抒發情緒及對生活的不滿，歌者所唱的歌詞也大多是生活中的細瑣小事，之

後這門藝術才被發掘出來，成為西班牙特有的文化。現在看到傳統的佛拉明哥大多在小酒館（Tablao）表演，以近距離的方式呈現給觀眾看，讓觀眾能親身體驗最原汁原味的佛拉明哥藝術。

攝影／王香文

圖片提供／西班牙國家旅遊局TURESPAÑA

佛拉明哥哪裡看？

馬德里

Corral de la Morería
地址：C/ Morería, 17
電話：913 658 446, 913 651 137
網站：www.corraldelamoreria.com
地鐵：L2、L5，Opera站

Casa Patas
地址：C/ Cañizares, 10
電話：913 690 496
網站：www.casapatas.com
地鐵：L1，Antón Martín站

Las Carboneras
地址：Plaza del Conde del Miranda, 1
電話：915 428 677
網站：www.tablaolascarboneras.com
地鐵：L1，Sol站；L2、L5，Opera站；L5，La Latina站

巴塞隆納

El Cordobés
地址：Las Ramblas, 35
網站：www.tablaocordobes.com
地鐵：L1，Liceu, Drassanes

賽維亞

El Arenal
地址：C/ Rodo, 7
電話：954 216 492
網站：www.tablaoelarenal.com

Los Gallos
地址：Plaza de Santa Cruz
電話：954 216 981
網站：www.tablaolosgallos.com

Casa de la Memoria De Al-Andalus
地址：C/ Cuna,6
電話：954 560 670
網站：www.casadelamemoria.com

Casa Carmen Arte Flamenco
地址：Márquez de parada, 30
電話：954 215 633

佛拉明哥觀賞小提醒

適時喊 ¡Olé！¡Olé！

在看佛拉明哥的時候，可不用像一般看表演時般的安靜和沈默，舞曲結束時也不是喊「Bravo！」，佛拉明哥有個特殊的叫喊方式──「¡Olé！」，讀音類似「歐壘」，凡是看到舞者做完一小段漂亮的舞步，或是聽到歌者唱了一句好聽的句子，觀眾隨時可以在覺得精采時，喊聲「¡Olé！」來鼓舞舞台上的表演者。

西班牙特色景點

馬德里

主廣場 Plaza Mayor

在1617年落成，廣場中間騎馬的雕像就是菲利普三世。以往做為商人和民眾聚集之地，現在仍有許多大型活動或聚會在此舉辦。地鐵：L1、L2、L3，Sol站

普拉多美術館 Museo del Prado

西班牙最重要的美術館，收藏的重要畫作為委拉斯蓋茲的《侍女圖》，及哥雅的《裸體的瑪哈及穿衣的瑪哈》。週日免費。地鐵：L1，Atocha站；L2，Banco de España站

皇宮 Palacio Real de Madrid

舊皇宮，現在真正的皇宮已搬離此地。可參觀以前皇家的臥室、宴客廳等。每月第一個週三的中午12:00會有衛兵換班的表演。 地鐵：L2、L5，Opera站

蘇菲亞皇后藝術中心 Museo Nacional CA Reina sofia

原是為貧民修建的醫院，重要畫作為畢卡索在1938年內戰時期畫的巨幅畫作《Guernica》，另收藏較近代的藝術家如米羅、達利等的作品。週日免費。地鐵：L1，Atocha站

雷提諾公園 Parque del Retiro

夏季會舉辦音樂會，並常有小丑、人偶、街頭藝人在此表演，可在位於公園中間的湖上划船，或搭乘西班牙第一艘以太陽能啟動的船。地鐵：L2，Retiro站

格蘭大道 Gran Vía

典型的夜生活區，光在此條路上就有9家電影院以及大大小小的劇院，但也有不少商店。要享受馬德里的夜生活，來這邊準沒錯！地鐵：L1、L5，Gran Vía站

巴塞隆納

聖家堂 La Sagrada Familia

西班牙國寶級建築師高第的畢生代表作品，內部除了觀賞建築，也可以搭電梯上塔頂觀看；地下室設有博物館，還可以看到聖家堂的歷史及高第的建築草圖及其陵寢。
地鐵：L2、L5，Sagrada Familia站

奎爾公園 Parç Güell

以高第的贊助人奎爾所命名的公園，內有希臘劇場式的建築及像蛇一樣蜿蜒的廣場座椅，高第也在此蓋了一棟自己的房子，現為博物館可供參觀。
地鐵：L3，Vallcarca站，再步行約15分鐘

畢卡索美術館 Museo Picasso

坐落在哥德區的小巷內，這是畢卡索從前的住處。另外，畢卡索依據委拉斯蓋茲的《侍女圖》(Las Meninas)創作出44幅圖畫，也都完整收藏在此處。地鐵：L4，Jaume I 站

蘭布拉大道 Las Ramblas

巴塞隆納最熱鬧的街區，盡是賣花卉和鳥類的攤子，也是街頭藝人聚集的地方，但在此要小心扒手。
地鐵：L3，Catalunya、Liceu、Drassanes站

音樂宮 Palau de la Música Catalana

外觀美麗的音樂宮，裡面精緻的建築更會讓你驚豔，除了可以參加導覽參觀，晚上也會在此舉辦音樂會。
地鐵：L4，Urquinaona站

加泰隆尼亞國立美術館

位於西班牙廣場的底端，以中古世紀的「濕壁畫」聞名。廣場上的噴泉在夏季晚間會有「魔幻噴泉秀」，配合音樂及燈光變化，是夏夜最適合的去處！地鐵：L1、L3，Espanya站

賽維亞

賽維亞目前尚無地鐵，觀光景點多在市中心，以步行方式即可抵達。

大教堂 Catedral

賽維亞最雄偉的建築，也是世界第三大的教堂，除了5個哥德式的正廳之外，還有金碧輝煌的華麗祭壇及主禮拜堂。賽維亞著名的聖週(Semana Santa)期間，各教堂會將其聖像抬至大教堂禮拜。週日下午可免費入內參觀，不須購買門票。

聖十字區 Barrio Santa Cruz

舊猶太區，每條街道都很狹小，但拐個彎就有可能發現花團錦簇的美麗中庭，傳統安達魯西亞庭園皆以馬賽克磁磚、噴泉及橘子樹組成。本區以容易迷路著名，有許多精品店，是購買紀念品和照相的最佳選擇。

西班牙廣場 Plaza España

位在瑪麗亞・露易莎(Parque María Luisa)公園內，最著名的為廣場前的馬賽克磁磚，以拼磚的方式拼出西班牙各個自治區的特色。(攝影／王香文)

Giralda塔

賽維亞最具代表性的回教建築，緊鄰著大教堂，不同於一般的高塔，是以斜坡的方式蜿蜒向上，傳說以前是騎馬上Giralda塔的，參觀大教堂時，可以爬上塔的頂端看看賽維亞的風景。

黃金塔 Torre de Oro

位在瓜達幾維亞(Guadalquivir)河畔，現在內部為海事博物館，沿著美麗的河畔散步也是放鬆心情的好辦法喔！但是晚上要注意安全。

阿卡薩城堡 Alcazar

為以前的舊皇宮，以各種不同的庭院著稱，夏季常會在中庭舉辦音樂會。(攝影／王香文)

玩樂篇

西班牙3大特色節慶

4月春會

舉辦日

每年聖週後兩星期左右，會在賽維亞（Sevilla）舉辦4月春會（Fería de Abril）活動。原爲販賣牲畜的市集，後來慢慢演變成現在的慶典活動。

特色

在這段期間，不分男女老少，人人都會穿上傳統的佛拉明哥服飾，男士則爲騎馬的裝束，整個春會期間，全賽維亞人都在帳棚內飲酒狂歡，並不斷地跳Sevillanas舞曲和Rumbas舞曲。

圖片提供／西班牙國家旅遊局TURESPAÑA

法雅節

舉辦日

每年3月12～19日，在瓦倫西亞省（Valencia）會舉行「法雅節」（Las Fallas），又稱爲「火節」。

特色

原是木匠們慶祝保護神San José的生日而舉辦，現今當地的藝術家會用一整年的時間雕塑法雅，也就是人形玩偶。慶典期間所有的雕塑像都會擺在街道上陳列，直到最後一天也就是San José的生日，會選出第一名的法雅像，移放到博物館內展示，其他的法雅像則都會被燒毀，迎接春天的來臨。

圖片提供／西班牙國家旅遊局TURESPAÑA

奔牛節

舉辦日

每年7月6～14日，在Pamplona城舉辦的奔牛節（San Fermín），是源自於16世紀，爲了紀念San Fermín神而發起的奔牛習俗。每日08:00在市政府廣場開始活動。

特色

穿著白衣、圍著紅絲巾的群眾在憤怒的牛群前面奔跑，終點站是鬥牛場；最後牛隻會在鬥牛場中表演。慶典期間除了奔牛活動，還會有音樂會、派對等等活動，而民眾也是夜夜喝酒狂歡。

圖片提供／西班牙國家旅遊局TURESPAÑA

西班牙的夜生活

西班牙的夜生活，從週四晚上就開始了，尤其是夏季的時候，許多人週五一下班就會跟家人開著車子殺到沙灘去度假，所以週四的晚上是西班牙人跟朋友們一起出來喝酒聊天的日子。到西班牙會發現，晚上常常會有一大群人聚集在公園，什麼事都不做，只是人手一瓶啤酒站在路邊聊天；有些特定的酒吧區還常常擠得水洩不通。對西班牙人來說，與其在家裡跟朋友講電話、上網聊天，還不如直接出來見面，這也是為什麼週末的晚間到處都是人的緣故囉！

馬德里有名的歌舞劇「Hoy No Me Puedo Levantar」

西班牙的夜，出來活動一下吧！

晚上只能出來喝酒嗎？當然不是，在大城市如馬德里或巴塞隆納，晚上常常有各式各樣的表演在不同的劇院舉行。尤其是馬德里的格蘭大道(Gran Vía)，劇院林立，簡直就跟紐約百老匯一樣熱鬧。在這邊也有常駐表演的歌舞劇、佛拉明哥、歌劇、音樂會等等；而巴塞隆納夏季的魔幻噴泉秀，是夏夜最美麗的音樂盛宴。若到南方的安達魯西亞，免不了要看場佛拉明哥，夏季更有許多露天免費的佛拉明哥表演。只要稍微留心一下，就可以為自己安排個美好的夜晚。

各地的資訊，都會在當地旅遊網站上隨時更新，建議出發前可以先研究一下，或到當地旅遊資訊中心索取資料囉！

3個旅遊觀光網站
馬德里觀光資訊網：www.esmadrid.com(有中文頁面)
巴塞隆納旅遊資訊網：barcelonaturisme.com
賽維亞旅遊資訊網：www.turismo.sevilla.org

小角落大發現 馬德里電池回收筒

走在馬德里的街道上，不經意看到路上的廣告看板下方有小小的投遞孔，原來是用來回收電池的，但不是每個看板都有喔！

應用西班牙語ABC

應用單字

Entrada	門票
Entrada gratuita	免費(不需門票)
Plano	地圖
Teatro	劇院
Cine	電影院
Opera	歌劇院
Programa	節目表
Museo	博物館
Parque	公園
Plaza	廣場
Iglesia	教堂
Catedral	大教堂

實用會話

¿Puede darme un plano?
可以給我一份地圖嗎？

¿Cómo puedo ir a_____？
請問_____要怎麼去？

¿Puede reservar un hotel para mí？
可以幫我代訂旅館嗎？

¿Dónde puedo comprar la entrada?
請問門票要在哪裡買？

¿Todavía hay entradas?
請問還有票嗎？

Quiero comprar dos entradas.
我要購買2張票。

¿Tiene informaciones sobre los espectaculos?
請問有表演節目的資訊嗎？

¿A qué hora empieza / termina?
幾點開始／結束？

¿Qué precios hay?
請問有哪幾種票價？

¿A qué hora abrir el museo?
請問博物館幾點開門？

購 物 篇
S h o p p i n g

到西班牙，哪裡最好買？

哪裡最熱鬧、什麼是必買的物品、如何付款、如何退稅，都是購物必備知識，而這些知識與辦理方法，本篇通通都會告訴你。

在西班牙購物要點

營業時間

基本上，一般比較傳統的店家，大約都在10:00左右開門，營業到14:00左右，會關上門休息一段時間，自17:00再開始營業到21:00；週六可能只開上午的時間，週日不營業。而大型商店例如英國宮百貨公司下午是不休息的，會直接營業到晚上。夏天和冬天營業時間可能會有一點不一樣，可以注意一下店家門口的營業時刻表（Horario）。

攝影／邱宗翎

付款方式

大部分的商店都可以使用信用卡付款，但要注意，在西班牙刷卡時，須出示身分證明文件，所以彩色的護照影本要記得隨身攜帶，不然店家可能不會讓你刷卡。刷卡後，信用卡公司會以刷卡當天的匯率換算成台幣來併入帳單。所以在出國前，一方面要先確認一下自己的信用額度，另外一方面也要注意繳款的期限和方式，看是否由銀行帳戶直接扣款或請家人代繳。

目前可以使用旅行支票直接付款的商家並不多，必須在有標示「Travel Cheque」的店家才可以使用，建議先至銀行以旅行支票換取歐元現金，是比較方便的方式。

辦理退稅

在西班牙購物，一般來說稅金（I.V.A.）都已包含在價格裡面，但是非歐盟會員國的國民是可以辦理退稅的，只要你在貼有「Tax Free」標誌的店家，3個月內在同一家商店累積購買超過€90.15的商品，就可以請店家給你退稅單，店家會請你填下個人資料，包含護照號碼和地址，並當場簽名，最後在離開西班牙時在機場辦理退稅即可，詳細辦法請見本章P.111「如何辦理退稅」。

折扣期間

西班牙統一的折扣時間，夏季為7月1日～8月底，冬季為1月～2月底。在這段時間內，每家店都會有折扣出清當季的商品，並準備推出新的商品。折扣有時可以到3折或5折，是撿便宜的大好機會喔！折扣期過了大約半個月到一個月左右，有些店會推出二次折扣（2ª Rebaja / Segunda Rebaja），針對已經減價的衣服再打折，不過越接近折扣期尾聲，有打折的衣服數量會漸漸減少，尺寸也不齊全了，同時也看到新商品都已上櫃。所以雖然折扣期有兩個月，但要真正撿到便宜又買到品質好的衣服，最好還是早點去喔！

西班牙購物禮儀

1.進店門先打招呼

一進店門，通常店員會直接跟你打招呼，不要忘記回個禮，說聲「¡Hola！」(哈囉)或是「¡Buenos Días！」(日安)，離開時說聲「¡Gracias！」(謝謝)或「¡Adios！」(再見)，這是基本的禮貌！也讓店家有個好印象，不會覺得你是個討厭的觀光客，在服務上說不定會更好喔！

2.擺設好的精品勿自己拿

架子上擺設好的精品，盡量不要隨便動手摸，若有需要可以請店員拿給你，或是詢問店員是否可以拿下來看。

3.尊重定價不殺價

西班牙並沒有殺價的習慣，而且殺價表示對他們所訂的價格不信任，是很不尊重且沒禮貌的。所以在購買衣服或精品時，千萬不要使出在台灣的市場殺價的招數，若想要買到便宜的價格，還是必須等到每年的折扣期才有可能囉！除非是在跳蚤市場，因為是購買二手貨，就有殺價的空間，甚至老闆自己會馬上降低價格，只怕你不買！

4.試穿衣服前先拿牌子

這是在某些店才有，在試穿間門口會有一個櫃檯，通常試穿過不適合的衣服，出來時就交給櫃檯的小姐即可。而有些店家會在你進去試穿前，詢問你有幾件衣服要試穿，並拿號碼牌給你，譬如要試穿5件就會拿數字5的號碼牌。試穿完後將號碼牌及不買的衣服一併交給櫃檯，要買的拿在手上，櫃檯小姐會數總共的件數。

西班牙衣&鞋尺寸換算表

女性服飾		S	M	L	XL
日本		S	M	L-O	XO
歐洲		36	38	40	42
美國		4-6	8-10	12-14	16-18
男性服飾	XS	S	M	L	XL
日本	S	M	L-O	XO	
歐洲	44	46	48-50	52-54	56-58
美國	34	36	38-40	42-44	46-48

女　鞋									
台灣	66	67	68	69	70	71	72	73	74
日本	21.5	22	22.5	23	23.5	24	24.5	25	25.5
歐洲	34.5	35	35.5	36	36.5	37	37.5	38	38.5
美國	4	4.5	5	5.5	6	6.5	7	7.5	8

男　鞋							
台灣	74	78	80	82	84	86	88
日本	24.52	25.5	26.5	27.5	28.5	29.5	30.5
歐洲	39.5	41	42	43	44.5	46	47
美國	7	8	9	10	11	12	13

馬德里舊貨市場El Rastro

巴塞隆納舊港口的Maremagnum購物中心

賽維亞市中心的購物區(攝影／邱宗翎)

西班牙3大城市購物點

不管在哪個城市，市中心絕對是當地的購物區，以下列出西班牙3大城市的購物區及特色購物地點。

城市	主要購物區	購物特色	購物地點&時間
馬德里	市中心購物區	手工藝品、時裝、皮件店皆有	太陽門附近(Puerta del Sol) 格蘭大道(Gran Vía)
	Serrano街	名牌時尚區，著名的Adolfo Domínguez服裝店也在此區，但到此區逛街要注意衣著，不能穿得太邋遢	阿卡拉門(Puerta de Alcalá)旁地鐵Retiro或Banco de España站
	舊貨市場(Rastro)	主要販賣衣服、CD等，樣式不新，但東西非常便宜	自La Latina站往Calle de Maldonadas走，步行可達。週日及國定假日09:00～14:00
巴塞隆納	市中心購物區	商家齊全，各大服飾店、鞋店、皮件店等皆可在此找到	自Av. Diagonal延伸到加泰隆尼亞廣場(Plaça Catalunya)，往南經蘭布拉大道(Las Ramblas)延伸到舊港口上的Mare-magnum購物中心，總共約5公里，範圍寬廣，且人行步道寬敞
	歌德區古董市場(Mercat Gótic Antiguitats)	專門販賣古董商品	Plaça Nova 1，週四10:00～20:00
	跳蚤市場(Els Encants)	多為二手的商品，購買時可以殺價	Plaça de les glóries 週一、三、五、六09:00～18:00
賽維亞	市中心購物區	各式商店、手工藝品店皆有	蛇街(Calle Sierpes)及Calle Tetuán以及Plaza Encarnación附近
	跳蚤市場	專賣二手物品，店家也會出來擺攤	Calle Feria，週四上午

購物小提醒

西班牙最大百貨——
英國宮百貨公司(El Corte Inglés)

為西班牙最大的百貨公司，在各個城市都有，開放時間長，東西也很齊全，舉凡想買衣物、生活用品、CD、書、劇院門票都可以在此買得到。而英國宮的超市貨樣齊全，包裝通常也很好看，很適合在此找禮品喔！

攝影／邱宗翎

小角落大發現　放假絕不會慢人家一步

圖上寫著：放假不營業——我們去海邊了，9月再見囉！

西班牙人士很注重假期的，很難會看到一年365天每天都營業的商店，尤其是在炎熱的8月，會發現很多店家都關門度假去了，去哪裡了呢？當然是去海邊囉！

西班牙品牌，必知必購

Camper

在台灣一雙要4、5千元的Camper，是西班牙著名的品牌休閒鞋，舒適耐穿，更因為款式設計新穎、特殊又好看，有別於一般常見的休閒鞋，因此受到大眾的喜愛。
官方網站：www.camper.com

Zara

以平價奢華風橫掃全球的Zara，是到西班牙必購的服飾品牌，許多旅人即使行程緊湊，也非要到Zara血拼一下，所以Zara幾乎可以算是西班牙的旅遊景點之一。民國100年Zara終於首度進駐台灣，造成逛服飾店也要排隊進場的奇景。
官方網站：www.zara.es

Adolfo Domínguez

西班牙名設計師Adolfo Domínguez的服裝店，在世界各地約有300多家分店。有男、女裝及皮包等，價格偏高。
官方網站：www.adolfo-dominguez.com

Mango

西班牙第二大成衣出口商，在台灣有分店。服飾以時尚、摩登著稱，但也有適合工作和休閒的衣服。
官方網站：www.mango.com

Lefties

Lefties跟Zara是同一個企業下的品牌，主要賣Zara的過季商品，價格比Zara便宜，覺得Zara太貴的人可以來這邊看看。

Stradivarius

年輕時尚的潮流風服飾，相較於Zara和Mango的成熟路線，Stadivarius更可吸引少女及輕熟女的目光。(攝影／陳雅惠)

西班牙特色紀念品

皮革製品

　　西班牙的皮革製品(Piel)品質絕對有保證，若想要購買皮衣、皮包、皮靴，來西班牙買絕對沒有錯。

手工藝品

　　較為著名的手工藝品（Artesanía）有西班牙扇子、披肩、馬賽克磁磚等等，經典的扇子除了扇骨有雕花，扇面還常會以手工畫上美麗的圖樣，既方便攜帶又不會太貴，很適合當紀念品。而繡花披肩也多是手工繡製，看起來雍容華貴。馬賽克磁磚在安達魯西亞較多，也可以找到做成磁鐵的磁磚。

橄欖油

　　西班牙盛產橄欖，生活也絕對離不開橄欖，除了會以醃橄欖來當小菜之外，橄欖油（Aceite）更是重要，早餐的吐司可以只淋上橄欖油配鹽巴、生菜沙拉配橄欖油，還有許多做成罐頭的食品都是醃在橄欖油中。不過一大罐橄欖油不方便攜帶，可以找小包裝的，比較適合攜帶及送禮。

各式各樣的橄欖油(攝影／邱宗翎)

送禮自用兩相宜的皮包

便宜的皮件店，進門可是要排隊的

皮靴品質很好，價錢也不會太貴，不血拼一雙怎麼行呢

扇子Abanico

繡花披肩(Mantón／Mantonsillo)

「Artesanía」是手工製品的意思

購物篇

如何辦理退稅

西班牙的商品售價都包含了稅金，依據商品不同，最高會收到13.79%的稅，但是非歐盟會員國的外國人士不需要繳交此稅金的，所以辦理退稅是很重要的事，可以幫自己省回一些錢。

在離開西班牙前的3個月內，只要在同一家商店購買金額超過€90.15，便可以向商家要求辦理退稅，前題是商家的店門口要貼有「Tax Free」的標誌。一般來說，退稅可以在機場直接領回現金，是比較快的方式；也可以用信用卡退稅，但信用卡退稅必須要多等3～5個月才有可能拿到。

退稅步驟

Step 1 購物金額達到規定，請商家協助退稅

在可以辦理退稅的店家裡面，購買金額達到€90.15後，可請店家幫忙辦理退稅(Tax Refund)，這時店家會拿出一張退稅單，寫上商品名稱和金額，以及可以退的金額。注意：辦理退稅的日期必須是在離開西班牙前3個月內。

Step 2 現場填寫退稅單，必須有護照號碼

商家填寫完畢貨品的資料後，會請你現場填寫你的英文姓名、護照號碼及地址，請注意，必須全部用英文填寫，地址也請填寫台灣住家的英文地址。另外，會有一格是「信用卡卡號」，可以先不用填

寫，若最後要以信用卡退稅，再把信用卡號填寫上去。全部填寫完畢，店家會蓋上店章，並將退稅單裝在信封中交給你。

Step 3 離開西班牙，在機場Check-in

將要退稅的物品集中裝好，最好是在可以馬上拿出來的地方，或是放在隨身行李中，以便查驗。到機場後，先至Check-in櫃檯辦理報到手續，領取登機證。若退稅的物品在託運行李中，請跟櫃檯人員說你要辦理退稅(Tax Refund)，託運行李貼好行李條後，先不要託運，須拉至海關處以備查驗退稅的物品；若退稅物品都在手提行李中，則不須多此一舉，直接託運大行李後，再攜手提行李至櫃檯辦理退稅即可。

Step 4 至退稅櫃檯辦理

將退稅單連同購買收據、退稅物品一併攜至退稅櫃檯，辦理退稅手續，海關會在此檢查購物的收據、退稅的物品，檢查完畢後在退稅單上蓋章。若是要直接辦理「信用卡退稅」的話，可以直接在海關蓋完章後，將退稅單正本和收據裝入信封，投入旁邊的郵筒，副本要自行保存好。辦理現金退稅則不用。

Step 5 將託運行李拖回Check-in櫃檯

檢查完畢後，將託運行李拖回先前的Check-in櫃檯，交給先前幫你辦理Check-in手續的櫃檯人員，請他幫忙將大行李託運。

Step 入關，領取退稅金額

退稅金分兩種，現金與信用卡：

現金退稅：

通過隨身行李檢查站後，找到可以領取退稅現金的銀行櫃檯，將所有退稅單交給銀行人員，即可領取退回的現金。記得要早點進去，有時隊伍排得長，必須要排隊等候一段時間才能領的到。

● 馬德里的退稅金領取處為：T1航廈出境處的 BBVA銀行及AMEX。
● 巴塞隆納的退稅金領取處為：Terminal A出境處的BBVA銀行。

信用卡退稅：

若現金退稅的隊伍排得很長，眼看登機時間就要到了怎麼辦？別擔心，這時只要將信用卡卡號填在每張已經由海關蓋好章的退稅單上，將退稅單正本連同收據一起裝在商家給你的信封中，封好投入海關旁邊的信箱即可。注意：副本自己要保留著，以為憑據，將來才可以憑此追查退稅金的下落。

退稅小提醒

1.累積發票，退稅一次ok

有些商家可以用累積發票的方式來辦理退稅，也就是說，單次購買未超過退稅規定的金額，可以累積每次購買的發票，直到要離開西班牙前，購買總金額加起來有超過€90.15，就可以持發票到商家辦理退稅。譬如英國宮百貨公司(El Corte Inglés)，不管你是在哪一個城市的英國宮購買東西，都可以累積發票到最後要出境前一兩天再去辦理退稅，很人性化，也很方便！

2.先詢問海關相關規定

一般而言，在辦理退稅時，須持有登機證，且退稅的物品必須要在身邊以供查驗，但有時退稅海關只要依據你的訂位記錄(須出示訂位記錄紙本)，便可以辦理退稅(即不用先Check-in)。另外，海關也不一定會檢查退稅物品，建議至機場時先至退稅櫃檯詢問一下相關規定，可以為自己節省不少時間及拖著行李到處奔波的麻煩(但要注意，若購買物品單筆金額過高，譬如單一項商品即超過€500，海關一定會要求查驗物品)。

3.可和同伴合資辦退稅

若一個人購買不到退稅的金額，可以跟朋友一起合作，湊到退稅金額後，再統一由一個人去辦理退稅，退下來的錢再分攤即可。但要注意，若是刷卡的話，因為姓名會顯示在收據上，所以只有負責辦退稅的那個人可以刷自己的卡，其他要湊金額的人盡量以現金付帳，或是請負責的朋友先代刷。因為有時海關會檢查收據，若發現有不同人的姓名在上面，就無法辦理囉！

應用西班牙語ABC

應用單字

Ropa / 衣服
Blusa / 女性上衣
Camisa / 襯衫
Abrigo / 大衣
Pantalón / 長褲
Falda / 裙子
Zapato / 鞋子
Bota / 靴子
Bolso / 皮包
Abánico / 扇子
Mantón / 披肩
Joya / 珠寶

購物用語

Quiero comprar éste.
我想要買這個。

¿Tiene la talla más grande / pequeña?
有大一點 / 小一點的尺寸嗎？

¿Tiene (la talla) en número 38?
這件衣服有38號(尺寸)嗎？

¿Puedo probar?
可以試穿嗎？

¿Dónde está el probador?
請問試穿間在哪裡？

¿Puedo mirar ese abánico?
我可以看那一把扇子嗎？

¿Tiene otro color?
請問有別的顏色嗎？

¿Puedo pagar con tarjeta crédito?
可以用信用卡付費嗎？

¿Cúanto vale éste?
這個多少錢？

¿Puede hacer tax-refund / tax-free?
可以退稅嗎？

Quiero hacer Tax-Refund / tax-free.
我想要退稅。

¿Dónde puedo hacer tax-refund / tax-free?
請問可以在哪裡辦理退稅？

通 訊 篇
Communication

在西班牙要打電話、上網、寄信怎麼辦？

遠在國外該如何與家人聯絡？本篇教你如何在西班牙上網、打電話與寄信，還提供便宜的通訊方案與網咖，讓你順利報平安。

打電話

西班牙並沒有區分區域號碼,所以不管是手機打市話、市話打手機、市話互打,都不需要擔心區域碼的問題。凡是「9」開頭的電話號碼,就是室內電話,而「6」開頭的電話號碼,就是手機囉!

公共電話怎麼使用

電話卡插入口　　投幣口

退幣口

重撥鍵

推薦便宜的電話中心

La Bolsa De Minutos
地址:Espoz Y Mina 17 28013 Madrid
(離太陽門很近,打到台灣很便宜,但是在這裡上網頗貴,且無法看中文)
電話:915 32 26 22

＊以上資料時有異動,出發前請再次確認。

Step 1 拿起話筒

螢幕上會出現「Inserte Moneda o Tarjeta」的字樣,表示可以撥打。若只顯示「Inserte moneda」,表示此電話只接受投幣;同理,若顯示「Inserte Tarjeta」表示只能接受插卡。

Step 2 插入電話卡或投入硬幣

盡量投小額硬幣,萬一錢沒用完,話機只能退幣,不會自動找錢。

Step 3 撥打號碼

若撥打國際電話,在按下國碼後,話機可能會要求投幣至規定的數目,此時看螢幕上顯示的數字投入即可。

Step 4 結束通話

掛上電話後,取出電話卡及退幣,若要重撥,不必掛上話筒,直接按下「重撥」鍵即可。

通訊篇

電話撥號示範

撥打地點	使用	撥至	撥號方式	
			國碼	電話號碼
台灣	台灣手機	西班牙市話	+34	912 34 56 78
		西班牙手機	+34	612 34 56 78
		台灣帶至西班牙漫遊手機	+886	933 123 456 (去掉手機號碼前面的0)
	台灣市話	西班牙市話	002 34	912 34 56 78
		西班牙手機	002 34	612 34 56 78
		台灣帶至西班牙漫遊手機		0933 123 456
西班牙	西班牙手機	台灣市話	+886	2 2123 4567 (以台北為例，去掉區碼02前面的0)
		台灣手機	+886	933 123 456 (去掉手機號碼前面的0)
		台灣帶至西班牙漫遊手機	+886	933 123 456 (去掉手機號碼前面的0)
	西班牙市話	西班牙市話		912 34 56 78
		西班牙手機		612 34 56 78
		台灣帶至西班牙漫遊手機	00 886	933 123 456 (去掉手機號碼前面的0)
	西班牙公共電話	台灣市話(至少投€2.70)	00 886	2 2123 4567 (以台北為例，去掉區碼02前面的0)
		台灣手機(至少投€2.70)	00 886	933 123 456 (去掉手機號碼前面的0)
		西班牙市話(至少投€0.40)		912 34 56 78
		西班牙手機(至少投€0.55)		612 34 56 78
		台灣帶至西班牙漫遊手機	00 886	933 123 456 (去掉手機號碼前面的0)
	台灣帶至西班牙漫遊手機	西班牙市話	+34	912 34 56 78
		西班牙手機	+34	612 34 56 78
		台灣帶至西班牙漫遊手機	+886	933 123 456 (去掉手機號碼前面的0)

國際電話便宜打

　　國際電話直接撥打，費率非常高，但想要省錢也不是沒有辦法，下面提供幾種可以省錢又可以開心講電話的方法。（★愈多，表示愈省）

方 式	省錢等級	說 明
手機 APP程式	★★★★★	現在手機非常方便，出國時建議關閉資料漫遊，但可打開Wifi，若找到有Wifi的地方，便可試著使用手機程式中的通話軟體，如Skype、Tango、Viber等等，但前提是對方也要有同樣的程式和帳號。另Skype可撥打市話或手機，只要先在Skype網站購買點數，輸入對方的市內電話或手機號碼，就可以直接撥打給對方，而且費率非常便宜喔！
電話中心 (Locutorio)	★★★★	馬德里和巴塞隆納到處都可以見到裡面有一個個亭子的電話中心，有些地方的郵局總局也有設置，方便在外旅遊的遊客可以用便宜的價格打國際電話。打電話時，只要直接告訴老闆你要打電話就可以了，打完才須付費。每家電話中心的費率不同，如果有時間的話，可以在平常逛街的時候，留意一下各家電話中心掛在外面的費率，不過目前費率表上不會列出打到台灣的價格，可以直接詢問老闆，或參考一下打到大陸(China)的價格，通常價格與打到大陸的費率不相上下。
國際電話卡	★★★	可以先在台灣購買中華電信國際電話(預付)卡，費率較低；或在當地書報攤、電話卡販賣店購買國際電話卡，只要看到商家門口貼滿了花花綠綠一大堆費率的，就表示有賣，先比較好價格再直接跟老闆購買即可。電話卡一般為€5起跳。有許多中國商店也有販賣，既不用擔心語言上的障礙，中國商店老闆通常也比較知道打到亞洲的便宜電話卡有哪些。

製表：李容菱

郵寄

郵寄信件

一般要郵寄明信片或信件，只要到販售香菸的「Tabacos」商店購買郵票即可，告知販售人員是要寄到台灣的。通常寄明信片的價格為€1，若是要寄信件的話，也可以直接在此請販售人員幫你秤重，計算好價格之後，再購買郵票貼上。Tabacos隨處可見，非常方便喔！

信封地址寫法示範

```
From: Jungfen Lee
      C/ Sierpes, 70                    黏貼
      41002, Sevilla, Spain            郵票

          To: Taiya Chang
          4F, No. 10, Chungsiao Rd.
          Taipai 11111
          TAIWAN
```

＊寄到台灣的信件，盡量避免寫R.O.C.，有時一不小心被搞錯就會寄到中國大陸去囉！

寄信小提醒

投遞孔有兩個，別投錯喔！

投遞信件時，若郵筒有兩個投遞孔，通常是分為當地的城市和外地兩個投遞孔，譬如在馬德里的郵筒，就會分為馬德里首都(Madird Capital)和其他地方(Otros Distinos)。

投遞孔

只有一個投遞孔的郵筒

其他地區

馬德里本地

兩個投遞孔，分為當地和外地的投遞孔

郵寄包裹

Step 1 打包完整

在寄送之前最好將包裹打包完整，貼好膠帶；若沒有紙箱可以至郵局購買。

Step 2 包裹秤重、填寫包裹寄送單

跟櫃檯人員索取包裹寄送單來填寫，並可同時將包裹交予櫃檯人員，便於秤重及計算價格，此時要說明是寄海運或空運。

Step 3 付帳，領取收據及寄送單副本

寄送單的副本為重要的單據，萬一包裹遺失，可以憑著單據上的號碼來請郵局查詢。

郵局列印出來的郵票樣式

郵局標誌為一個號角的圖案

在Tabacos可以購買到簡單的信封和郵票，也可以幫忙秤重

包裹寄送單填寫示範 (盡量以英文填寫)

選取寄送方式
1.海運Economy　　**2.**空運Priority　　**3.**快捷Espres

寄件者
4.姓名　　　　　　**8.**連絡人
5.地址　　　　　　**9.**連絡電話(若寫台灣手機，前面要加上+886)
6.所在城市　　　　**10.**電子郵件信箱
7.郵遞區號

收件者
11.姓名　　　　　**15.**國名
12.地址　　　　　**16.**電話號碼
13.城市名　　　　**17.**電子郵件信箱
14.郵遞區號

包裹內容物
18.品名(如衣物clothes、禮品gifts、文件documents、紀念品souvenirs)
19.內容物價值

無法寄送時處理方式
20.退還寄件人　　**21.**放棄寄送　　**22.**寄件人簽名及日期

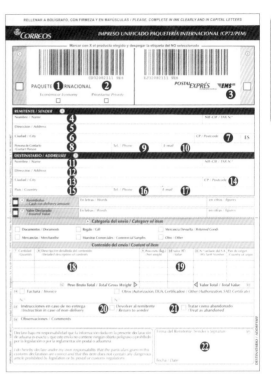

海運、空運，該如何選擇？

　　包裹的郵寄通常分為海運(Por Superficie)和空運(Por Avión)，價格可能會差到一倍。基本上，空運需要7～10天左右會寄到台灣，而海運需要兩個月，或許是西班牙人不愛麻煩的習性所致，雖然指定是寄海運，但郵務人員看你的包裹並不大，為了省麻煩就直接堆到空運的包裹去了，甚至還有可能一週就寄到目的地。雖然這樣的情況還滿常見的，但是還是得碰運氣，不要因此就認定海運也很快，畢竟「官方說法」還是得寄兩個月才到。所以若是有較急的物件，保險起見還是寄空運比較好喔！

郵寄至台灣的價格表 (參考2015年價格)
信件(不超過2公斤)

重量(克)	20克以下	21～50	51～100	101～500	501～1,000	1,001～2,000
價格(歐元€)	1.00	1.83	3.05	9.76	20.85	36.61

＊一般寄明信片屬於第一種費率，也就是20克以下(標準形式)，為0.90歐元。

包裹

經濟型(海運)		優先寄送型(空運)	
基本價格(歐元€)	每公斤增加價格(歐元€)	基本價格(歐元€)	每公斤增加價格(歐元€)
17.37	5.16	21.10	9.81

上網

近年來隨著3G手機及平板電腦的普及，Wifi點的設立當然也就越來越多，除了大部分的旅館和許多餐廳都會架設無限網路之外，連一些著名的觀光景點也有免費無限網路可以使用，算是相當方便。另外，也可以參考自家電信公司的3G漫遊方案，直接先申請好旅遊期間的漫遊費率，就可以隨時隨地方便地上網。

若是未先購買好漫遊，又臨時找不到Wifi點，只要將手機設定中的「資料漫遊」開啓，便可連上當地的3G網路，但這樣的費用就非常可觀了，要記得不用時須關閉設定。除了使用自己的行動裝置上網之外，大城市中還是可以處處見到網咖，只是不一定可以「讀」中文，當然打字時也不會有中文系統，只能打英文囉！

推薦可以看中文的網咖

Anllely Locutorio
地址：C/ Duque de Fernán Núñez, 5 28012 Madrid
　　　（在地鐵1號線Antón Martin站附近）
電話：915 27 93 26
＊附有耳麥及網路攝影機

應用西班牙語ABC

應用單字

Tarjeta de Teléfono / 電話卡
Carta / 信件
Postal / 明信片
Sello / 郵票
Sobre / 信
Paquete / 包裹
Urgente / 快捷郵件
Certificado / 掛號
Por Superficie / 海運
Por Avión / 空運
Buzon / 信箱
Cartón / 紙箱

實用會話

Quiero comprar una tarjeta de teléfono de 10 euros.
我想要一張€10的電話卡。

Quiero llamar a Taiwan.
我想要打到台灣。

¿Cuánto cuesta para usar Internet por una hora？
請問上網一小時多少錢？

¿Se puede leer chino en el ordenador？
請問這裡的電腦可以讀中文嗎？

Quiero usar Internet por una hora.
我想要用一小時的網路。

¿Se puede imprimir aquí？
請問可以列印嗎？

Quiero comprar un cartón.
我想要買一個紙箱。

Quiero enviar un paquete a Taiwán.
我想要寄包裹到台灣。

Dos sellos para enviar a Taiwán, por favor.
請給我2張寄到台灣的郵票。

¿Dónde está el correo más cerca？
請問最近的郵局在哪裡？

應 變 篇
E m e r g e n c i e s

在西班牙，
發生緊急狀況怎麼辦？

旅遊最重安全，本篇預設各種危急狀況，包括遭偷搶、遺失各式證件、生病、受傷等，並提供快速解決方式與求救電話，讓你快樂出門、平安回家。

西班牙的治安現況

講到治安問題，一般來說大家都會先聯想到惡名昭彰的馬德里和巴塞隆納，但近年來這兩個城市可能開始有了自覺，或是害怕遭受恐怖攻擊，對於加強巡邏方面倒是有了不少改善，反而在其他較小的城市，更需要注意防範遭搶，尤其是呼嘯而過的機車騎士，會較為危險。

通常最常見的是扒手問題，在人多熱鬧的市中心，或是地鐵裡面，扒手較容易下手，最誇張的是可能連大行李都會被搬走。而夜晚則要注意防範搶劫、是否有人尾隨等等；西班牙夜生活豐富，且通常都會搞到很晚才回家，盡量不要獨自行動，即使是西班牙當地人，也會擔心這樣的治安問題，而亞洲人在歐洲很好認，更要小心謹慎。

若真的遭搶了，不要驚慌，所有的東西都有辦法可以解決，先冷靜思考一下遺失的東西有哪些，再一項一項去辦理。切記，人身安全才是最重要的，不要頑強抵抗而傷了自己的身體。基本上，歹徒的目標都是財物，比較不會刻意傷人。

西班牙的治安看似可怕，但是自己隨時提高警覺，盡量不要讓歹徒有下手的機會，才有可能讓旅程更加愉快喔！

馬德里的主廣場標示著「此處有攝影機監控」

小心！歹徒可能的搶劫手法

證件資料保存小提醒

任何證件皆影印兩份

出國前一定要將所有證件影印兩份，包含護照、簽證、機票、旅行支票、信用卡等，一份留給家人，一份攜帶出國，但要與正本分開放置。抄下信用卡的緊急掛失電話，才可以在第一時間內辦理掛失及補辦。另外，準備2～3張大頭照，以便迅速補發證件。

1. 扒手
地鐵和遊客多的地方最容易遭扒手，最好隨時把包包移到身體前方，用一隻手擋在前頭。

2. 兜售報紙、香草的吉普賽人或小孩
在路上可能會有小孩或吉普賽人向你兜售報紙或是香草，然後一手拿著報紙一直推銷給你，另一手以報紙作掩護，在下面準備扒走你的財物，若是見到一群人一起靠過來，最好趕快先行離開。而在路上若有人拿一支草給你，小心只要接過手，就得付上好幾歐元，除非你想購買，不然盡量不要拿喔！

手上拿著香草的人，一旦接過便須付錢。

3. 將遊客勒昏
通常發生在夜晚回旅館時，歹徒可能躲在旅館門口或樓梯間，伺機從背後將遊客勒昏後，將整個包包取走。尤其住Hostal，旅館大門常常不在一樓，更要小心防範。

4. 假警察
歹徒可能製造假事件，這時可能馬上就會有假警察出現，藉著要搜身或檢查錢財等藉口，趁機摸走遊客身上的錢財。要注意，警察是不會隨便搜身的。

如何防範搶劫

1. 錢財分開放

出門時，身上的錢財盡量分開放置，可以準備一個小零錢包，除了放零錢外，也可以將零散的紙鈔折成小張放入，付帳時只要取出小錢包即可。而信用卡不要跟錢包放在一起。

2. 不要太招搖

一群人一起出門旅遊，一高興起來可能就渾然忘我，高聲談笑，最容易引人注目，加上亞洲人很容易辨識，最容易成為歹徒的目標。所以不管在任何場合，最好都要注意一下自己的言行舉止，不要大聲喧鬧嬉戲，避免自己成為歹徒下手的對象。

3. 包包不離視線

行走在路上或搭乘地鐵時，盡量將包包背在前頭或是路的內側，然後用一隻手夾住包包。若要坐下來吃東西，也不要把包包掛在背後；若是放在旁邊的椅子上，記得將椅子拉近自己的座位，以防範被隨手拿走。

4. 用塑膠袋裝東西

有些較明顯的東西，如相機或攝影機，最好不要掛在胸前，可以用當地超市或是購物後留下的袋子裝起來，看起來較不起眼。若放在大包包中，一樣也可用塑膠袋包著，避免扒手直接摸走。

5. 不要太晚歸

晚上和凌晨的治安是最差的時候，盡量不要太晚回旅館，若不得已晚歸時，最好結伴同行，並且注意是否有人尾隨在後。

6. 錢財不露白

不管歹徒用什麼藉口，都不要隨意拿出錢包，說不定檢查當下錢財都在，過一會兒就不翼而飛。

7. 飯店房門隨時上大鎖

進入旅館房門後，隨即鎖上大鎖並拉上防盜鍊，有人敲門時不要隨便開門。

證件、錢財遺失怎麼辦？

現金被偷光了怎麼辦？

救急方法 **1** 請家人匯款

現金被偷光了，可以請家人使用Western Union服務。

匯款人步驟：

❶ 指明要匯給誰→❷ 告知匯到哪裡的Western Union服務處→❸ 匯款→❹ 告知取款人密碼

取款人步驟：

❶ 攜帶護照和匯款密碼→❷ 前往指定的Western Union服務處→❸ 填表領款

＊步驟2「前往指定的Western Union服務處」，意指：若匯到馬德里的服務處，可在馬德里任一家服務處領取。

注意：領款時須提供匯款人姓名、匯款密碼、金額、匯款國家。沒意外的話，當天就可以領到錢。

Western Union看這裡

馬德里 Western Union

Change Express
地址：C/ Gran Vía 63　　電話：900 633 633

Interchange Spain
地址：Calle Mayor 15　　電話：912 982 000

巴塞隆納 Western Union

Totramblas
地址：Las Ramblas 73　　電話：902 010 701

台灣的Western Union匯款服務

國泰世華銀行Cathey United Bank
電話：(02)2316-3555

彰化銀行Chang Hwa Commercial Bank
電話：(02)8181-2933

台新銀行 Taishin International Bank
電話：0800-023-123ext2

＊其他分行可至Western Union網站查詢：
www.westernunion.com

救急方法 2 請駐外機構協助

若身在馬德里,可至「駐西班牙台北經濟文化辦事處」請求協助。

救急方法 3 撥打急難救助電話

急難救助電話:639 384 883

機票遺失怎麼辦?

狀況 1 有機票影本

攜帶機票影本及手續費,至航空公司在當地的辦事處辦理遺失及申請補發,通常旅客支付手續費之後即可補發新的機票。有機票影本的話,辦理手續較快速不麻煩,記得出發前一定要影印機票。

狀況 2 無機票影本

須先向航空公司另外購買一張全額機票,並申請一張機票遺失證明單,航空公司在確認3個月內沒有被盜用之後,才可以辦理退費。

各航空公司掛失機票聯絡方法

	台灣電話	西班牙電話	網站
中華航空	(02)2715-1212		www.china-airlines.co
長榮航空	(02)2501-1999		www.evaair.com
國泰航空	(02)2715-2333	912 960 415	www.catheypacific.com
泰國航空	(02)2509-6800	917 820 521	www.thaiair.com
荷蘭航空	(02)2772-2118	902 222 747	www.klm.com
法國航空	(02)2718-1631	902 112 266	www.airfrance.com
義大利航空	(02)2537-0096	913 054 336	www.alitalia.it
德國漢莎航空	(02)2325-2295	902 220 103	www.lufthansa.com
英國航空	(02)2512-6888	913 874 365	www.ba.com
大韓航空	(02)2518-2200	900 973 533	www.koreanair.com
伊比利亞航空		902 400 500	www.iberia.com
Spanair		902 131 415 913 937 055	www.spanair.com
Vueling		902 333 933	www.vueling.com

護照遺失怎麼辦?

救急方法 1 向當地警局報案

立即向最近的警察局報案,請警局開立失竊、遺失證明書。若不知警局在哪,可以請巡邏的警察協助或詢問路人。

救急方法 2 申請補發

至「駐西班牙台北經濟文化辦事處」申請補發。若有護照影本及大頭照,可使補發的程序加快許多。

護照遺失這裡辦

駐西班牙台北經濟文化辦事處
Oficina Economia y Cultura de Taipei
地址:C/ Roario 14-8 Piso 18 dcha. 28020 Madrid
電話:915 714 678
傳真:915 709 285
急難救助:639 384 883
受理領務申請案件時間:週一~週五09:00~17:00
如何抵達:地鐵1號線至Valdeacederas站,或地鐵10號線
　　　　　至Cuzco站

＊以上資料時有異動,出發前請再次確認。

馬德里境外旅客服務處(S.A.T.E.)

設置在中央警察局,這是專門為旅客設置的服務機構,主要是為了協助遭搶或受難的遊客,由地方警察、馬德里旅遊服務處和國家警察合作設立的。而此機構服務旅客的項目有:

☑辦理報案手續　　　☑證件、信用卡的掛失服務
☑聯繫家人　　　　　☑協助尋找遺失物品
☑旅遊諮詢　　　　　☑提供旅客及家屬的心理諮詢服務
☑協助旅客聯絡大使館或領事館等駐外單位

中央警察局

地址:C/ Leganitos Nº19　28004 Madrid
電話:902 102 112(24小時)、915 488 537、915 488 008
開放時間:09:00~22:00
地點:位在西班牙廣場(Plaza de España)附近
地鐵:3、10號,Plaza de España站;3、5號,Callao站
　　　2號,Santo Doningo站(皆須在出站後步行前往)
E-mail:satemadrid@munimadrid.es

＊以上資料時有異動,出發前請再次確認。

旅行支票遺失怎麼辦？

出國前記得先影印好旅行支票的購買單據，使用時要記錄已經使用了哪幾張(記錄號碼)，若遺失了才知道遺失的是哪幾張。

注意：一旦購買旅行支票，一定要先行在上款簽名，不然被盜用了就無法補發了。

Step 1 抄下掛失止付電話

當初購買旅支的單據上都有掛失止付的詳細說明，記得先詳閱，並將聯絡電話抄下來。

Step 2 申請補發

攜帶護照、購買證明及還沒用的支票號碼，至當地辦事處申請補發。若當地無法補發，回國後攜帶當初購買的證明、以及掛失證明，至原來購買的銀行申請補發。

旅行支票遺失這裡辦

American Express旅行支票掛失服務
西班牙免費電話：900 994 466

信用卡遺失怎麼辦？

出發前先記下信用卡號及有效期限，並向發卡銀行詢問海外免付費掛失電話或全球救援電話；電話記得抄在其他地方，不要跟卡片放在一起。另外，信用卡不要全部放在一起，以免全部一起遺失。

Step 1 向原發卡銀行掛失

遺失時，立即打電話向原發卡銀行掛失，或是請台灣的家人幫忙，時間拖的越長，被盜刷的機率愈高。若身上沒有錢，可以使用免付費電話。

Step 2 補發新卡

若急的話，可請銀行立即補發新卡寄到你在當地的住處，但是通常需要一星期的時間，若身上有其他卡或現金可以使用，則建議回國後再申請補發。

信用卡遺失這裡辦

信用卡掛失電話(西班牙)
4B(MasterCard / Visa)：913 626 200、913 626 300、
902 114 400(均免費)
VISA：900 991 216
MasterCard / EuroCard：900 971 231(免費)
American Express：902 375 637(免費)

生病、受傷怎麼辦？

若不是太嚴重的病，可以就近到藥局(Farmacia)，向藥劑師敘述一下自己的症狀，就可以買到一些簡單的藥品。西班牙的藥局為統一的綠色十字，分布很廣，大城市的藥局還會以輪流的方式營業24小時，所以不用擔心找不到藥局。如果是急症，可以請餐廳、旅館的人幫忙叫救護車。記得！看病的收據一定要留存，回國時可以申請保險給付。

傷勢輕的話，一樣可以至藥局購買OK繃或請藥劑師幫忙包紮；若發生較大的事故，請與駐西班牙的辦事處或海外急難救助中心聯絡。

藥局(Farmacia)招牌會掛著綠色十字

內急，要到哪裡找洗手間？

找餐廳

進餐廳吃飯時，在離開前，盡量先使用餐廳內的洗手間，才不用擔心出來時要到處找洗手間。若是在小酒館(Bar)，通常也會有洗手間，但是有些Bar會將洗手間的門鎖上，避免外面的人偷跑進來使用，所以在上廁所前，要先向老闆拿鑰匙。

找路邊公共廁所

在各個城市的路邊，會發現佇立在路邊，有寫著「WC / Aseos」的，就是投幣式公用廁所，大多在市中心或觀光勝地都有設立，只是為了市容美觀，這些廁所常常會弄得很美麗，融合在市景中，讓你經過時也不會察覺。不妨在逛街時也注意一下，說不定會發現很有特色的洗手間喔！

教你使用廁所

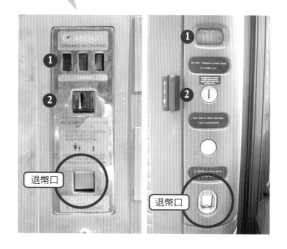

退幣口

退幣口

Step 1 辨識廁所狀態面板

紅色Fuera de Servicio → 廁所暫停使用
橘色Ocupado → 使用中
綠色Libre → 目前無人使用可進入

Step 2 投幣

依照投幣孔旁或面板上的金額投入硬幣，左圖顯示在投幣孔旁，為€0.2，右圖顯示在狀態面板上，為€0.3。無人使用時，只要投幣門便會打開。

Step 3 使用完直接離開

使用完畢後，廁所會自動在使用者離開之後沖水，所以找不到把手或踏板不須擔心，直接洗好手離開就可以了。

上廁所先看這裡

男廁、女廁該如何區分

觀光區的廁所大都會以圖示來分辨男女廁，但是偏偏有些傳統的Bar只用了一個英文字母貼在門上，或是只寫了看不懂的西文單字，讓完全不懂西文的我們一頭霧水，不知道該進哪一邊的廁所才好。要怎麼分辨男廁還是女廁呢？
大概有下面兩種可能 ：

H→Hombre男 / M→Mujer女
(M不是英文的Man，可不要跑錯了！) 或是
C→Caballero男 / S→Señora女

小角落 大發現 自來水可以生飲

西班牙的水基本上是可以直接飲用的，據說馬德里的水是全西班牙最好喝的水。但是要注意一下，較靠近海邊的城市，如巴塞隆納，自來水的水質是非常不好的，不可飲用。如果不確定當地水質，則建議購買礦泉水較為安心。

應用西班牙語 ABC

應用單字

Cabeza / 頭	
Ojo / 眼睛	
Nariz / 鼻子	
Oreja / 耳朵	
Mano / 手	
Espalda / 背	
Pie / 腳	
Estómago / 胃	
Rodilla / 膝蓋	
Garganta / 喉嚨	
Corazón / 心臟	
Diente / 牙齒	
Tiritas / OK繃	
Vomitar / 嘔吐	
Diarrea / 拉肚子	
Alergia / 過敏	
Medicina / 藥品、藥物	
Hospital / 醫院	
Estoy mal. / 我身體不舒服	
Me duele el estómago. / 我的胃痛	
Tengo fiebre. / 我發燒了	
Quiero vomitar. / 我想吐	

實用會話

¡Socorro!
救命！

¡Ladrón!
小偷 / 扒手！

¿Dónde está la policia?
請問警察局在哪裡？

He perdido mi pasaporte / cheques de viaje / billete de avión.
我的護照 / 旅行支票 / 機票掉了。

Me han robado (el pasaporte).
我的(護照)被搶了。

He perdido mis cheques de viaje.
我的旅行支票掉了。

Estoy perdido/a.
我迷路了。

¿Puede indicarme dónde estoy en el mapa?
可以請您指出我在地圖上的哪個地方嗎？

¿Dónde están los servicios?
洗手間在哪裡？

Me da la llave de Servicio, por favor.
請給我洗手間的鑰匙，謝謝！

救命小紙條　請以英文填寫

個人緊急連絡卡
Personal Emergency Contact Information

姓名Name：

年齡Age：

血型Blood Type：

護照號碼Passport No：

信用卡號碼：

海外掛失電話：

旅行支票號碼：

海外掛失電話：

航空公司海外電話：

緊急連絡人Emergency Contact (1)：

聯絡電話Tel：

緊急連絡人Emergency Contact (2)：

聯絡電話Tel：

台灣地址Home Add：(英文地址，填寫退稅單時需要)

投宿旅館：

旅館電話：

其他備註：

西班牙救命電話隨身帶

＊24小時報案電話：902 102 112　　＊緊急報案電話：112 (可用公共電話直撥)
＊國家警局：091　　　　　　　　　＊當地警局：092
＊駐西班牙台北經濟文化辦事處 Oficina Economia y Cultura de Taipei　電話：91 571 46 78　傳真：91 570 92 85
＊外交部海外急難救助免付費電話：00 800 0885 0885
＊馬德里境外遊客服務處(S.A.T.E.)：90 210 21 12 (24小時)、91 548 85 37、91 548 80 08
＊急難救助：639 384 883
＊台灣旅外國人急難救助聯繫中心：+886-3-3982629、+886-3-3834849

這次購買的書名是：

開始在西班牙自助旅行 最新版 (So Easy 29)

*01 姓名：＿＿＿＿＿＿＿＿＿＿＿＿＿ 性別：□男 □女

*02 手機(或市話)：＿＿＿＿＿＿＿＿＿ 生日：民國＿＿＿年

*03 E-Mail：＿＿＿＿＿＿＿＿＿＿＿＿＿＿＿＿＿＿＿

*04 地址：□□□□□ ＿＿＿＿＿＿＿＿＿＿＿＿＿＿

05 你對於本書的企畫與內容，有什麼意見嗎？
＿＿＿＿＿＿＿＿＿＿＿＿＿＿＿＿＿＿＿＿＿＿＿＿＿

06 你是否已經帶著本書去旅行了？請分享你的使用心得。
＿＿＿＿＿＿＿＿＿＿＿＿＿＿＿＿＿＿＿＿＿＿＿＿＿

熟年優雅學院

Aging Gracefully，優雅而睿智地老去，絕對比只想健康地活久一點，更具魅力。熟年優雅學院是太雅推出的全新系列，我們所引見給您的優雅熟年人物，對生命充滿熱情，執著而有紀律地做著他們喜愛的事情。學院會不定期舉辦各項講座與活動，提供輕熟齡、熟齡、樂齡的讀者參加。

01 您是否願意成為熟年優雅學院的會員呢？
　□願意　　　　□暫時不要

02 您願意將熟年優雅學院的相關資訊分享給朋友嗎？
　或是推薦3人加入熟年優雅學院？(請徵求友人同意再填寫)

姓名：＿＿＿＿ 手機：＿＿＿＿ E-Mail：＿＿＿＿＿＿＿＿

姓名：＿＿＿＿ 手機：＿＿＿＿ E-Mail：＿＿＿＿＿＿＿＿

姓名：＿＿＿＿ 手機：＿＿＿＿ E-Mail：＿＿＿＿＿＿＿＿

好書品讀，熟年生活

積存時間的生活　微笑帶來幸福　一個人，不老的生活方式　91歲越活越年輕

現在就上網搜尋 ✈ 熟年優雅學院

填表日期：＿＿＿年＿＿＿月＿＿＿日

很高興你選擇了太雅出版品，誠摯的邀請您加入太雅俱樂部及熟年優雅學院！將資料填妥寄回或傳真，就能收到最新的訊息！

填問卷，抽好書
(限台灣本島)

凡填妥問卷(星號＊者必填)寄回的讀者，將能收到最新出版的電子報訊息！並有機會獲得太雅的精選套書！每單數月抽出10名幸運讀者，得獎名單將於該月15號公布於太雅部落格。太雅出版社有權利變更獎品的內容，若贈書消息有改變，請以部落格公布的為主。參加活動需寄回函正本始有效(傳真無效)。活動時間為2015/4/01～2015/12/31

好書三選一，請勾選

□ **放眼設計系列**
(共9本，隨機選2本)

□ **遜咖吸血鬼日記1、2**

□ **優雅女人穿搭聖經** (共2本)

太雅部落格
taiya.morningstar.com.tw

太雅愛看書粉絲團
www.facebook.com

| 廣　告　回　信 |
| 台灣北區郵政管理局登記證 |
| 北 台 字 第 1 2 8 9 6 號 |
| 免　貼　郵　票 |

太雅出版社 編輯部收

台北郵政53-1291號信箱

電話：(02)2882-0755

傳真：(02)2882-1500

(若用傳真回覆，請先放大影印再傳真，謝謝！)

太雅

太雅部落格 http://taiya.morningstar.com.tw

有 行 動 力 的 旅 行 ， 從 太 雅 出 版 社 開 始